EinFach
Deutsch

Alfred Döblin

Berlin Alexanderplatz

...verstehen

Erarbeitet von
Timotheus Schwake

Herausgegeben von
Johannes Diekhans
Michael Völkl

Bildnachweis

|akg-images GmbH, Berlin: 98; Lessing, Erich 45. |alamy images, Abingdon/Oxfordshire: ClassicStock 42. |bpk-Bildagentur, Berlin: Scala 107. |Bridgeman Images, Berlin: Private Collection 112. |Picture-Alliance GmbH, Frankfurt/M.: akg-images 105; dpa 85. |Ritter, Pellegrino, Münster: 125. |ullstein bild, Berlin: Will 63. |wikimedia.commons: Lokilech/CC BY-SA 3.0 48.

Wir arbeiten sehr sorgfältig daran, für alle verwendeten Abbildungen die Rechteinhaberinnen und Rechteinhaber zu ermitteln. Sollte uns dies im Einzelfall nicht vollständig gelungen sein, werden berechtigte Ansprüche selbstverständlich im Rahmen der üblichen Vereinbarungen abgegolten.

westermann GRUPPE

Druck A^2 / Jahr 2021
Alle Drucke der Serie A sind im Unterricht parallel verwendbar.

Umschlaggestaltung: Nora Krull, Bielefeld
Umschlagbild: @ Wilfried Böing Nachlass, Berlin
Druck und Bindung: Westermann Druck GmbH, Braunschweig

ISBN 978-3-14-**022535**-9

Inhaltsverzeichnis

An die Leserin und den Leser

Liebe Leserin, lieber Leser,

Alfred Döblins Werk „Berlin Alexanderplatz" ist ein großartiger Roman. Das haben bereits viele Zeitgenossen des Autors genauso gesehen wie die gegenwärtige professionelle Literaturkritik im 21. Jahrhundert. Der Roman ist ein Jahrhundertwerk, er gilt neben James Joyces Roman „Ulysses" oder Dos Passos' Werk „Manhattan Transfer" zurecht als Klassiker der Weltliteratur, als gelungenes und innovatives Beispiel für den modernen Roman schlechthin. Indem Döblin die Lebensbedingungen seines Protagonisten Franz Biberkopf im Berlin seiner Zeit darstellt, zeigt er den Wandel von einer eher agrarischen zu einer großstädtischen Gesellschaft und macht deutlich, dass dieser Wandel ein grundsätzlicher, ein qualitativer ist. Wie unter einem Brennglas zeichnen sich die neuen Lebensbedingungen des Menschen in der Moderne ab.
Damit ist ein zentraler Aspekt angesprochen, der Sie trotz aller Widerstände und Zumutungen, die der Roman dem Leser zweifellos auch aufbürdet, dazu veranlassen sollte, ihn zu lesen: Wie Döblins Protagonist Franz Biberkopf sind auch wir heute zu Beginn des 21. Jahrhunderts Kinder der Moderne. Die vom Autor dargestellten Veränderungen der Lebensbedingungen des Menschen betreffen Biberkopf wie uns selbst. Mag sein, dass das heutige Leben in der von Internet und Fernsehen dominierten Mediengesellschaft noch schneller getaktet ist, dass die auf uns einfließenden Umweltreize und medialen Einflüsse noch intensiver auf uns einwirken, doch qualitativ ist der Sprung kein großer: Das Problem, vor das sich Döblins Protagonist Franz Biberkopf gestellt sieht, ist auch unseres. Mit den Worten des berühmten Soziologen Max Weber gesprochen ist der einzelne Mensch seiner Zeit gefangen im „Stahlgehäuse" der

Moderne. Biberkopf sucht in der Hektik der Millionenstadt Berlin Raum und Zeit für sich und seine Interessen. Als er merkt, dass die Stadt und seine Bewohner sich darum nicht kümmern, ihnen Biberkopf gleichsam egal ist, verzweifelt er. Die Strategie, die er zur Lösung seines Problems – er will wahrgenommen werden und sein Leben eigenständig gestalten – anfangs anwendet, scheitert grandios: Den Lärm der Stadt – Straßenbahnen, Autos, Baustellen, Werbeschreier – versucht er, mit noch mehr Lärm zu übertönen; auch zur eigenen Beruhigung und Selbstvergewisserung singt er ein Kampflied und kann sich scheinbar beruhigen, doch das Vorhaben, als Einzelner gegen die Welt anzukämpfen, muss langfristig scheitern.

In der modernen Welt sind wir – wie Biberkopf auch – in vielfältigste Zusammenhänge eingebettet. Wir leben nicht nur für uns, sondern in einem komplexen sozialen Miteinander, der Gesellschaft. Diese besteht aus unterschiedlichen Teilsystemen – der Familie, den Freunden, der Arbeitswelt u.v.m. –, die je eigene Anforderungen an uns herantragen. Diese Anforderungen gilt es zu verstehen und zu akzeptieren. Genau das ist es, womit Biberkopf seine Schwierigkeiten hat. Er ist der Auffassung, dass er am besten vorankommt und ein anständiges Leben führen kann, wenn er sich nur auf seine eigenen Fähigkeiten verlässt. Doch ein solch isoliertes Leben scheint unter den Bedingungen der Moderne nicht mehr möglich zu sein, Biberkopf erleidet zahlreiche Rückschläge und erkennt erst ganz am Ende die Notwendigkeit der sozialen Integration: „[…] es ist auch schöner und besser, mit andern zu sein. Da fühle ich und weiß ich alles noch einmal so gut. Ein Schiff liegt nicht fest ohne großen Anker, und ein Mensch kann nicht sein ohne viele andere Menschen. Was wahr und falsch ist, werde ich jetzt besser wissen." (S. 453)[1]

---

[1] Sämtliche Stellenangaben beziehen sich auf die im Literaturverzeichnis angeführte Textausgabe des Deutschen Taschenbuch Verlags.

Es sind auch bald ein Jahrhundert nach Erscheinen des Romans die zentralen Fragen des modernen Menschen, die seine Aktualität ausmachen: In welchem Verhältnis stehe ich als Individuum zur Gemeinschaft? Wie viel von mir kann oder muss ich preisgeben? Geht dabei Einzigartigkeit verloren? Droht das Individuum in der Masse der anderen Menschen unterzugehen? Wo bieten sich in meinem Leben Möglichkeiten, mich als einzigartige Person wahrzunehmen? An welchen Stellen kann ich mich einbringen und Herr meines Lebens sein?

Gerade die letzte Frage verdeutlicht, wie aktuell Biberkopfs Problematik ist, denn es ist dieselbe Frage, die sich gegenwärtig weltweit Millionen von Menschen stellen, die im Zuge der Wirtschafts- und Finanzkrise seit 2008 das Gefühl haben, nur noch passive, hilflose Getriebene zu sein. So wie die Politik den Anforderungen des ökonomischen Systems auch gegen ihren eigenen Willen Genüge tun muss, weil sonst das Ganze zusammenstürzt, so empfindet immer häufiger auch der Einzelne angesichts zunehmender beruflicher und privater Ansprüche Ohnmachtsgefühle. Der moderne Mensch leidet häufig unter dem Gefühl, die Strukturen seines eigenen Lebens nicht mehr zu durchschauen, zu komplex und undurchsichtig erscheinen die gesellschaftliche und ökonomische Wirklichkeit. Der Kampf Biberkopfs gegen dieses dumpfe Gefühl des Unbehagens ist dabei beispielhaft für den vergeblichen Versuch, die Bedingungen des modernen Lebens zu ignorieren. Zwangsläufig muss er scheitern. Am Ende löst sich seine Identität nahezu auf, ein neuer Mensch wird durch die leitmotivische Figur des Todes „zusammengesetzt". Wir sehen: Leben in der Moderne bedeutet immer auch Arbeit an der eigenen Identität. Diese Arbeit vollzieht sich zwischen zwei Polen; auf der einen Seite geht es dem modernen Menschen um die Sicherung des Ureigenen, Unverwechselbaren, Individuellen, auf der anderen Seite um die Einsicht in

die Notwendigkeit der sozialen Integration. Gerade junge Heranwachsende sind ganz nah an diesem zentralen Konflikt. Das bekannte traditionelle Aufbegehren der Jugend gegen Ansprüche der Eltern, der Schule, also der Gesellschaft, ist Teil dieses Persönlichkeitsprozesses, der auch nach der Pubertät nie ganz abgeschlossen ist. Weil man mehr sein will als nur ein funktionales Rädchen im Getriebe der Welt, halten viele gestresste Manager im Stadium des Ausgebranntseins inne und suchen kurzzeitig die Ruhe des Klosters. Das bekannte Burn-out-Syndrom ist nur ein Beispiel unter vielen, die verdeutlichen, dass das Grundproblem des döblinschen Protagonisten verallgemeinerbar und aktualisierbar ist. Biberkopf sind wir selbst. Wenn wir dies erkennen, können wir den Roman auch genießen, ohne uns direkt mit der Hauptfigur identifizieren zu müssen, was schwerfällt, schließlich handelt es sich um einen gewalttätigen, verbrecherischen Triebtäter.
Bei allem Enthusiasmus, der Roman ist sicher keine leichte Kost. Vor allem für eher ungeübte Leser stellt sich die Lektüre eines über 400 Seiten starken Romans als große Herausforderung dar. Doch nicht nur der Umfang ist für schulische Kontexte ungewöhnlich, auch die Form erleichtert keinesfalls den Leseprozess. Weil wir gewohnt sind, unser Lesen an der Biografie der Hauptfigur auszurichten, geraten wir an den Stellen des Romans in Nöte, an denen Franz Biberkopf aus unserem Blickfeld gerät. Das ist erstaunlich häufig der Fall. Über viele Seiten hinweg geht es Döblin nur noch darum, die Stadt zum Klingen zu bringen. Nicht im klassischen Sinne von der Stadt zu erzählen ist sein Ziel, sondern sie zu präsentieren, ihr Raum zu bieten, sich selbst zu zeigen. Dafür braucht man keinen auktorialen Erzähler mehr, der den Leser sicher durch das Geschehen führt. Stattdessen bedient sich Döblin des Prinzips der Montage, er dokumentiert den großstädtischen Alltag, indem er authentische Textteile – Zeitungsschnipsel, Werbesprüche,

alltägliche Dialogfetzen – unkommentiert aneinandersetzt. Durch diese collageartige Inszenierung erhält die Stadt ein Eigenleben, während die Menschen häufig zu bloßem Material degradiert werden. Das irritiert den Leser. Da er einen roten Faden der Geschichte gewohnt ist, reagiert er mit Unverständnis oder Frustration, wenn er eben diesen roten Faden nicht mehr findet. Im Laufe der Lektüre wird wohl jeder Leser – egal, ob professionell oder privat – einmal in eine solche Krise kommen und das Buch in die Ecke schleudern wollen. Wenn Sie wollen, tun Sie das. Aber haben Sie auch den Mut, es nach einiger Zeit wieder aufzunehmen und die Lektüre fortzusetzen. Nur dann wird es Ihnen gelingen, die Anknüpfungspunkte des Autors zu erkennen und den roten Faden zu identifizieren, der Sie zum Weiterlesen motivieren wird. Nur dann können Sie sich an der Sprachgewalt des Romans, an Sprachspielen, Wortwitz und der Berliner Schnauze Biberkopfs erfreuen und sich – wie dargestellt – Gedanken machen darüber, in welcher Weise Sie in Ihrem Leben Spuren hinterlassen wollen.

Viel Spaß und Durchhaltevermögen bei der Lektüre des Romans wünscht Ihnen

Timotheus Schwake

Der Inhalt im Überblick

Alfred Döblins Roman „Berlin Alexanderplatz" erzählt die Geschichte des Franz Biberkopf, wie es im Untertitel „Die Geschichte vom Franz Biberkopf" anklingt. Als innovativ und gar revolutionär kann der Roman aber vor allem deshalb bezeichnet werden, weil er der wohl erste deutsche Großstadtroman ist, der die Stadt Berlin selbst zum Thema macht. Es geht also neben der Schilderung eines bestimmten Lebensabschnittes des Protagonisten insbesondere um das Leben in der Großstadt zu Beginn des 20. Jahrhunderts. Diese wird als exemplarischer Ort einer modernen Gesellschaft vorgestellt. Metaphorisch gesprochen kann man sie im Sinne des Philosophen Früchtl als eine Art Brennglas verstehen, unter dem sich die Bedingungen des modernen Lebens in konzentrierter Weise zeigen und auf diese Weise dem Leser einen Einblick in die gesellschaftlich-sozialen Massenstrukturen geben, innerhalb derer sich das moderne Individuum bewegen und orientieren muss.

Der Roman selbst schildert – unterbrochen von zum Teil eigenständigen Sequenzen, in denen es ausschließlich um die Erscheinungsformen der Großstadt Berlin geht – einen bestimmten Lebensabschnitt des Protagonisten Franz Biberkopf, der nach einem vierjährigen Gefängnisaufenthalt zurück in die Gesellschaft entlassen wird. In neun Büchern wird der Versuch Biberkopfs beschrieben, sein neues Dasein als letzte Chance zu begreifen, ein anständiges, kleinbürgerliches Leben zu führen. Die folgende Kurzzusammenfassung konzentriert sich dabei auf die Biberkopf-Handlung und ignoriert diejenigen Sequenzen des Romans, in denen die vielfältigen Erscheinungen der Großstadt – häufig gar unabhängig vom Protagonisten – im Mittelpunkt stehen. Auf diese wird später genauer eingegangen.

Das **erste Buch** macht die anfänglichen Orientierungsschwierigkeiten des (Anti-)Helden deutlich. Biberkopf ist von der einschüchternden Menge an optischen und akustischen Reizen, die das Berlin seiner Zeit charakterisieren, dermaßen überfordert, dass er in einen ruhigeren Hinterhof flüchtet und sich dort beruhigt. Der erhoffte Neubeginn gestaltet sich also weitaus schwieriger als erwartet, Biberkopf wünscht sich gar in die ruhige und strukturierte „Idylle" der Strafanstalt zurück. Er wird sich erst jetzt bewusst, dass sich das Leben in Freiheit verändert hat und es großer Anstrengungen bedarf, sich in diesem zu orientieren und zu bewähren. Die Strategien, die er hier erstmals versucht anzuwenden, bestehen allerdings in einem wenig versprechenden Überbrüllen der städtischen Reize durch das Absingen militärischer Marschlieder. Die ersten Warnungen zweier Juden, die ihm raten, stärker auf seine Mitmenschen einzugehen und sich sozial zu integrieren, schlägt er in den Wind. Er will sich vielmehr von den Menschen fernhalten und auf diese Weise sicherstellen, dass ihm ein anständiges, rechtschaffenes Leben gelingt.

Das im ersten Buch verloren gegangene Gleichgewicht kann Biberkopf im **zweiten Buch** vorläufig wiederherstellen. Als Händler verkauft er zunächst Schlipshalter, später Zeitungen. In der Auseinandersetzung mit Homosexuellen und Sozialisten, die er auf politischen Versammlungen kennenlernt, erfährt der Leser, dass Biberkopf politisch und ideologisch ein eher desinteressierter Mensch ist. Zwar lässt er sich an einer Stelle zu nationalsozialistischen Parolen hinreißen, doch wird insgesamt deutlich, dass Biberkopf sich von keiner gesellschaftlichen oder ideologischen Richtung vereinnahmen lassen möchte, weil er viel lieber seine Unabhängigkeit bewahren will. Insgesamt hat es den Anschein, als ob der Plan des Protagonisten, seine neue Freiheit zu nutzen und sich eine kleinbürgerliche, legale Existenz aufzubauen, funktionieren könnte.

Dieser Eindruck ändert sich im **dritten Buch**. In diesem erhält Biberkopf den sogenannten ersten „Schlag", den man auch als Rückschlag auf seinem Weg zurück in ein anständiges Leben begreifen könnte. Durch seine polnische Freundin Lina lernt er deren Onkel Lüders kennen und freundet sich mit diesem an. Doch das Vertrauen, das Biberkopf diesem entgegenbringt, wird schnell enttäuscht. Als Biberkopf Lüders von seinem Erfolg bei einer einsamen Witwe erzählt, um die er sich kümmert und die ihn für seine Zuneigung entlohnt und freundlich aufnimmt, nutzt Lüders diese Information aus und bestiehlt die Witwe am folgenden Tag. Die Witwe ist über den Verrat Biberkopfs derart enttäuscht, dass sie diesem den Einlass in ihre Wohnung verweigert. Für Biberkopf ist diese auf den ersten Blick banale Erfahrung richtungsweisend: Er hat „gelernt", dass es sich nicht lohnt, den Menschen zu vertrauen. In seiner Logik ist es da nur folgerichtig, dass er sich von seinen Freunden Lina und Meck zurückzieht. Er sucht bewusst die soziale Isolation, um weitere Enttäuschungen zu vermeiden.

Im **vierten Buch** wird erstmals die Grundstruktur des Romans deutlich: Hat Biberkopf im vorangegangenen Buch den ersten Tiefschlag erlitten, gelingt es ihm nun nach einer Phase der dumpfen, von Alkoholkonsum geprägten Trauer, wieder auf die Beine zu kommen. Er erholt sich, indem er sein Versteck verlässt und in die Stadt zum Alexanderplatz wandert. Dort nimmt er zum ersten Mal seit Wochen richtige Nahrung zu sich. Am Ende führt Biberkopf einen Dialog mit einer ihm noch unbekannten Instanz, die ihn auf seine Fehler hinweist. Die Kritik der Instanz, die wohl als die Figur des später noch wichtig werdenden Todes zu deuten ist, nimmt der eigensinnige und egozentrische Protagonist jedoch nicht an, sondern weist sie entrüstet von sich. Unterbrochen wird das vierte Buch von der zentralen Schlachthof-Sequenz. In dieser wird minutiös und in aller Grausamkeit der Akt der massenhaften Schlachtung von Rindern und Kälbern beschrieben, die ihr Schick-

sal geduldig über sich ergehen lassen. Das Schlachthof-Motiv wird im Laufe der Handlung zum Leitmotiv, da es mit dem starrsinnig-uneinsichtigen Verhalten Biberkopfs verglichen wird.
Für den weiteren Verlauf der Handlung ist das **fünfte Buch** von zentraler Bedeutung, denn hier trifft Biberkopf auf Reinhold, eine dunkle Gestalt, zu der er sich hingezogen fühlt. Dass Reinhold als Mitglied der kriminellen Pums-Bande einen äußerst negativen Einfluss auf seine Umwelt ausübt und als Repräsentant des Bösen gedeutet werden kann, ist für Biberkopf jedoch nicht ersichtlich, er sucht Reinholds Nähe und gerät so auf die schiefe Bahn. Anfangs fühlt sich Biberkopf seinem neuen Freund sogar überlegen und berät diesen bei dessen Frauengeschichten, schließlich macht er bei Reinholds „Mädchenhandel" mit und nimmt an einem Raubzug besagter Pums-Bande ohne weiteres Wissen teil. Naiv und blauäugig hält er bei einem Einbruch Wache. Als er sich über diese „Falle" beschwert, nutzt der hasserfüllte Reinhold die Gelegenheit, sich für die Überheblichkeit und Arroganz Biberkopfs zu rächen: Er stößt ihn aus dem fahrenden Fluchtauto, ein nachfolgender Wagen überfährt Biberkopf. Damit hat Döblins Protagonist seinen zweiten Schlag erhalten.
Strukturell ähnlich wie im vierten Buch, in dessen Verlauf sich Biberkopf von seinem im dritten Buch erlittenen ersten (Rück-)Schlag erholt, zeigt sich das Geschehen auch im **sechsten Buch**. Von seinen Freunden Herbert und Eva wird der schwer verletzte Biberkopf in ein Krankenhaus nach Magdeburg gebracht, dort wird ihm der rechte Arm amputiert. Seine Freunde sind es auch, die ihn nach der Rückkehr nach Berlin gesund pflegen. Nach dieser Phase der Rekonvaleszenz verlässt Biberkopf die Wohnung und sucht Kneipen in Berlin auf. Hier trifft er auf seine alten Freunde aus der Vergangenheit und fasst den verhängnisvollen Entschluss, seinen ursprünglichen Plan von einem anständi-

gen Leben ad acta zu legen. Er besorgt sich einen falschen Ausweis und elegante Kleidung und wird zum Zuhälter. Durch Eva lernt er Emilie Parsunke, kurz Mieze, kennen. Die herzensgute junge Frau arbeitet in Zukunft als Prostituierte für Franz, dessen Geliebte sie wird. Und anders als bei seinen bisherigen Frauengeschichten scheint auch Franz seine neue Gefährtin wirklich zu lieben. Seine aufrichtige und glaubhafte Zuneigung hindert ihn aber dennoch nicht daran, die Warnungen Miezes zu ignorieren und erneut die Nähe Reinholds zu suchen. Wie Mieze kann auch dieser nicht verstehen, dass Biberkopf nicht auf Rache aus ist. Gerade im Verhalten Biberkopfs gegenüber dem ihm nicht wohlgesonnenen Reinhold werden die Naivität und Gutgläubigkeit des Protagonisten besonders deutlich. Schließlich erzählt Biberkopf Reinhold unvorsichtigerweise von seiner großen Liebe Mieze, er gibt mit ihr an, um vor Reinhold gut dazustehen. Reinhold hingegen fasst den Entschluss, dem verhassten Biberkopf einen letzten großen Schlag zu versetzen und diesem Mieze wegzunehmen.

Im **siebten Buch** stellt der stolze Biberkopf Reinhold seine Eroberung Mieze vor. Doch sein Plan geht nicht auf, denn statt sich im Glanz seiner Eroberung vor Reinhold sonnen zu können, eröffnet diese ihrem Zuhälter im Beisein Reinholds, dass sie sich in einen ihrer Freier verliebt habe. Der verblüffte und bloßgestellte Biberkopf verliert völlig die Beherrschung und prügelt dermaßen brutal auf Mieze ein, dass der selbst mit allen Wassern gewaschene Reinhold einschreiten und Schlimmeres verhindern muss. Gegen Ende des Buches nimmt das Schicksal seinen Lauf. Nun wird der dritte und letzte Schlag geschildert: Reinhold erhält die Gelegenheit, mit der sich um ihren Franz sorgenden Mieze allein in Freienwald zu spazieren. Bei einem dieser Spaziergänge wird Reinhold sexuell zudringlich und droht, Mieze zu vergewaltigen. Diese wehrt sich vehement und wird von dem gereizten Verbrecher erwürgt. Zusammen mit

seinem Komplizen Karl verscharrt er die Leiche Miezes im Wald.
Das **achte Buch** beschreibt die Reaktion Biberkopfs auf das Verschwinden seiner Geliebten. Anders als Eva, die an ein Verbrechen glaubt, ist er anfangs zu träge, sich auf die Suche nach Mieze zu machen. Durch einen Zeitungsartikel, in welchem er selbst zusammen mit Reinhold abgebildet und Gegenstand einer polizeilichen Fahndung ist, erfährt Biberkopf von der Ermordung der Prostituierten. Nun wird er sich bewusst, dass die erneute Nähe zu Reinhold ein Fehler war, von dessen Folgen er sich möglicherweise nicht mehr erholen wird. Obwohl er nicht einsieht, dass er am Tod Miezes eine Teilschuld trägt, zeigt er erstmals Trauer. Rachsüchtig macht er sich auf die Suche nach dem Mörder Reinhold, der ihm jedoch entkommt. Franz wird depressiv und denkt an Selbstmord. Bevor es dazu kommen kann, nimmt ihn die Polizei bei einer Kneipenrazzia fest.
Dem **neunten Buch** des Romans kommt eine Sonderrolle zu. In ihm geht es um die behauptete innere Wandlung des Protagonisten, der von der Polizei für unschuldig gehalten und in eine Nervenklinik eingewiesen wird. Dort verweigert er die Nahrungsaufnahme und scheint dem Tode näher als dem Leben. In dieser hoffnungslosen Situation begegnet er der symbolischen Figur des Todes, der sich als „Mähmann“ und „Sämann“ vorstellt. Die langen und quälenden Gespräche zwischen dem Tod und Biberkopf haben die Funktion, dass sich Letzterer erstmalig seiner persönlichen Verantwortung stellt. Die Gespräche finden im Inneren Biberkopfs statt und bilden einen Prozess der psychischen Gesundung nach. Der Tod in seiner Funktion als Mähmann „tötet“ symbolisch den alten, egozentrischen und asozialen Biberkopf. Als die Hure Babylon, eine weitere mythologische Figur, die für grenzenlose moralische Verderbtheit der Städte steht, Biberkopfs Seele zu sich holen will, weigert sich der Tod, diese herauszugeben. Weil Biber-

kopf sich endlich geändert hat und Verantwortung übernimmt, agiert der Tod nun als produktiver „Sämann". Er spricht von einem neuen Menschen Franz Biberkopf, der am offenen Ende des Romans die Notwendigkeit einsieht, sich sozial zu integrieren und mit seiner Umwelt zu kooperieren.

Die Personenkonstellation

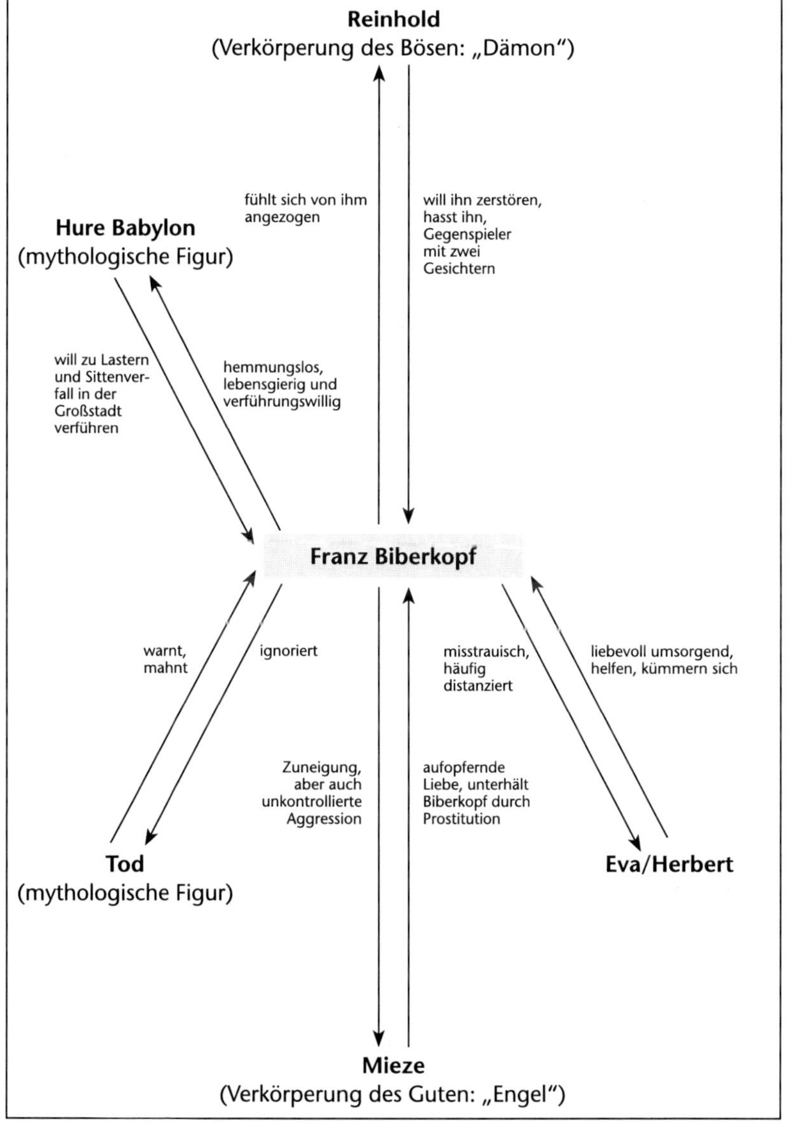

Inhalt, Aufbau und erste Deutungsansätze

Neun Bücher

Döblins Roman lässt sich in neun Bücher gliedern. Diese schildern die Entwicklung des ehemaligen Zement- und Transportarbeiters Franz Biberkopf nach seiner Entlassung aus dem Gefängnis. Jedem der neun Bücher ist ein kurzes Vorwort vorangestellt, in dem in wenigen Sätzen der Inhalt des Kommenden skizziert wird. Häufig wird schon an dieser frühen Stelle das Verhalten Biberkopfs kommentiert und allgemein gedeutet, sodass ein Aufkommen möglicher Spannung verhindert wird. Erzähltheoretische Aussagen Döblins lassen jedoch darauf schließen, dass in diesem Mangel an Spannung kein Konstruktionsfehler des Autors festzumachen ist, sondern er dies sogar beabsichtigt hatte. Ganz ähnlich wie Bertolt Brecht mit seiner Theorie des epischen Theaters war Döblin der Meinung, dass zu viel Spannung die notwendige Reflexions- und Analyseleistung des Lesers verhindere, da seine Gefühle durch die dargestellte Handlung zu aufgewühlt seien. Zudem sei es wichtiger, die Art und Weise der Darstellung in den Vordergrund zu stellen, der Inhalt sei demgegenüber zu vernachlässigen. So erklärt es sich, dass nicht nur den neun Einzelbücher, aus denen sich der Roman zusammensetzt, kleine Erläuterungen vorangestellt sind, sondern sich zu Beginn des Romans auch eine gut einseitige Zusammenfassung und Deutung der Gesamthandlung findet. In knappen Strichen zeichnet der Erzähler das kommende Geschehen vor. Er informiert über die drei Schläge, die der Protagonist Franz Biberkopf im Laufe seiner Zeit in Berlin versetzt bekommt, und über die darauf jeweils folgenden, anfangs falschen Reaktionen Biberkopfs. Erst am Ende wird ihm „der Star gestochen" (S. 11); damit ist gemeint, dass es ihm aus der Sicht des kommentierenden Erzählers gelingt, seinem chaotischen,

Vorwort

Mangel an Spannung

Episches Theater Brechts

von Gewalt geprägten Leben doch noch „Sinn“ (ebd.) zu verleihen. Durch die Betrachtung des individuellen Lebens einer Figur, des Franz Biberkopf, soll der Leser für sein eigenes Leben lernen und daraus die richtigen Schlüsse ziehen. Das Einzelschicksal wird exemplarisch.

Exemplarität des Einzelschicksals

Gliederungsfunktion der drei Schläge

Die schon im Vorwort angedeuteten drei Schläge haben einen mit Blick auf die Gesamtkomposition gliedernden Charakter. Insgesamt drei Mal erhält der nach seiner Entlassung aus dem Gefängnis hoch motivierte Biberkopf einen schweren Schlag versetzt, von dem es sich jeweils zu erholen bzw. die richtigen Schlüsse zu ziehen gilt. Nach den ersten beiden Büchern, die Biberkopfs Ankommen in der für ihn fremden und reizüberfluteten Großstadt Berlin und seine ersten Versuche, Tritt zu fassen, schildern, beschreibt das dritte Buch den ersten Schlag. Es folgt im vierten Buch die notwendige Erholung, auf die sich im fünften Buch der zweite Schlag anschließt, der Biberkopf zum Krüppel macht. Schwerfälliger als noch nach dem ersten Schlag gelingt es Biberkopf nun, erneut Halt zu finden. Kaum erscheint er halbwegs wiederhergestellt, trifft ihn im siebten Buch der schwerste aller Schläge: Seine von ihm wohl aufrichtig geliebte Mieze wird ermordet. Anders als die bisherige Struktur ahnen lässt, erholt sich Biberkopf im achten Buch höchstens ansatzweise. Vielmehr gewinnt der vom Erzähler gelenkte Leser eher den Eindruck, dass Biberkopf all seinen Lebensmut und seine Hoffnung auf ein besseres Leben verloren hat. Und so ist es nur folgerichtig, dass der alte Biberkopf im neunten und letzten Buch des Romans einen „symbolischen“ Tod stirbt. Darunter ist eine Art innere Wandlung oder Reinigung zu verstehen, die dazu führt, dass der sich nun neu präsentierende Franz Karl Biberkopf die Fehler und schlechten Verhaltensweisen seines alten Lebens hinter sich lassen und ein neues, anders strukturiertes Leben beginnen kann. Dieses soll sich mehr an seinen Mitmenschen ausrichten, während der alte Biberkopf noch davon überzeugt war,

Aufbau und Struktur des Romans

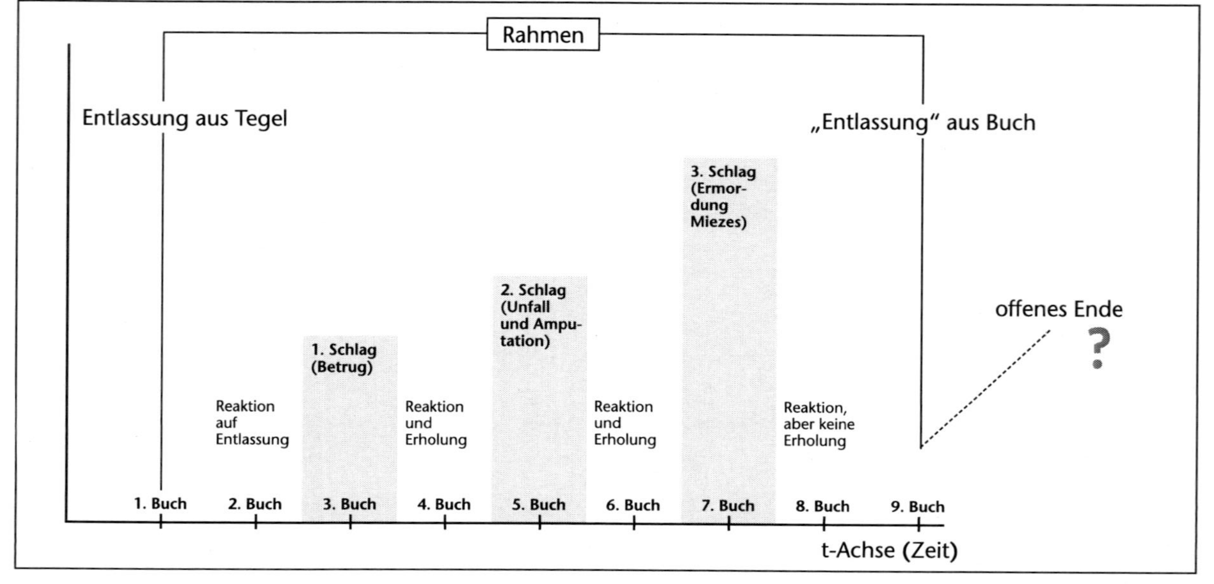

dass man sich allein auf sich selbst verlassen könne. Damit schließt sich der inhaltliche wie strukturelle Kreis des Romanganzen, das vom ersten und neunten Buch zusammengehalten wird. Die zirkuläre Romanstruktur wird auch deutlich, wenn man die Ausgangssituation mit dem Ende vergleicht: In der Exposition verlässt Biberkopf nach vierjähriger Haftzeit das Gefängnis Berlin-Tegel, am Ende wird der für geisteskrank erklärte Biberkopf geheilt aus der Nervenheilanstalt Buch entlassen. Man kann daher das erste und das letzte Buch als eine Art Handlungsrahmen begreifen.

Kreisstruktur des Romans

Die hier knapp dargestellte Struktur des Romans soll im Folgenden mit Inhalt gefüllt werden. Dafür werden die neun Bücher einzeln inhaltlich beschrieben und an herausgehobenen Stellen auch gedeutet. Wegen des Umfangs des Romans sollen insbesondere Schlüsselstellen beispielhaft analysiert werden, während andere Aspekte notwendigerweise nur am Rande behandelt werden können.

Erstes Buch (S. 13–45)

Entlassung aus dem Gefängnis: „Schlüsselstelle“

Die Auftaktsequenz kann man zweifellos als die Schlüsselstelle des Romans bezeichnen. Dargestellt wird, wie der Protagonist des Romans Franz Biberkopf nach vierjähriger Haftzeit aus dem Gefängnis in Berlin-Tegel entlassen wird. Eigentlich ein Grund zur Freude, überrascht die Reaktion Biberkopfs auf seine neue Lage den Leser, denn Biberkopf ist von der Gewalt der städtischen Eindrücke vollkommen überfordert und scheint verängstigt. Hat er in den vier Jahren seiner Haftzeit von einem klar strukturierten Tagesablauf profitieren und auf diese Weise Sicherheit erfahren können, muss er nun auf diese regelnde Ordnung verzichten. Er scheint den lauten und angsteinflößenden Kräften der Großstadt hilflos ausgeliefert, so plan- und orientierungslos steht er vor den Toren des Gefängnisses und wartet auf seine Straßenbahn. Kein Wunder, dass er den Ein-

Paradox: Entlassung als Strafe

druck hat, dass das Schlimme nicht hinter, sondern gerade vor ihm liegt: „Die Strafe beginnt." (S. 15) Daran zeigt sich das Paradoxe seiner Ausgangssituation, dass die Entlassung aus dem Gefängnis kein Grund zur Freude, sondern zur Beängstigung ist. Mit Mühe rafft er sich auf und betritt die S-Bahn. Die Eindrücke, die nun auf ihn einprasseln, verwirren ihn noch mehr und verstärken den Eindruck des Schmerzes. Biberkopf vergleicht seine Nähe zu so vielen ihm unbekannten Menschen mit einer unangenehmen Zahnarztbehandlung. Damit ist ein zentrales Motiv des Romans vorgezeichnet: Biberkopf hat sich nach einigen Enttäuschungen in seinem alten Leben fest vorgenommen, sich von anderen Menschen fernzuhalten und sich nur auf sich selbst zu konzentrieren. Dass hierin einer seiner zentralen Fehler besteht, weiß er zu diesem frühen Zeitpunkt jedoch noch nicht. Neben den visuellen Eindrücken, die der in der Straßenbahn sitzende Biberkopf verarbeiten muss, prasseln auch akustische Reize in vielfältiger Weise auf ihn ein. Zeitungsjungen rufen werbend den Namen ihres Produktes, der Schaffner fragt nach neu zugestiegenen Fahrgästen. Für den Leser wird schnell klar, dass Biberkopfs Problem vor allem darin besteht, mit der Vielfalt der Eindrücke klarzukommen, sie zu gliedern und auf diese Weise ihrer habhaft zu werden. Stattdessen läuft er bald ziel- und orientierungslos in der Großstadt umher und beobachtet die Menschen bei ihren zahlreichen Tätigkeiten, denen er keinen Sinn zuordnen kann. Auch erscheinen ihm die Menschen seltsam leblos, fremd und keinesfalls individuell, sondern wie anonyme Puppen. Das personale, Verantwortung übernehmende Ich wird durch ein anonymes Es ersetzt: „Draußen bewegte sich alles, aber – dahinter – war nichts! Es – lebte – nicht!" (S. 16) Auch die an dieser frühen Stelle schon offensichtliche Tatsache, dass Biberkopf ein Gefühlsmensch ist, der sich treiben lässt und seiner Gefühlswelt ausgeliefert ist, ist ein zentrales Motiv des Romans. Schließ-

Ausgeliefertheit Biberkopfs als zenrales Motiv

lich sind es häufig seine Spontaneität und Impulsivität, die Biberkopf zu unüberlegten Handlungen verführen, welche er später bereut.

Die innere Unruhe und Nervosität Biberkopfs werden dabei durch die Art und Weise des Erzählens deutlich bzw. verstärkt, denn anders als im traditionellen Roman wird das Geschehen nicht durch einen auktorialen Erzählerbericht souverän präsentiert, sondern durch eine Vielfalt von Erzählweisen. Spricht anfangs noch der auktoriale Erzähler, wird dieser sehr schnell durch Formen personalen Erzählens abgelöst: Mal sorgen der innere Monolog oder der Bewusstseinsstrom („stream of consciousness") für tiefe, ungefilterte Einblicke in das Seelenleben des Protagonisten, mal ist es die etwas reserviertere erlebte Rede[1], welche die Ortlosigkeit und Hektik Biberkopfs veranschaulicht. Andere Inhalte, wie zum Beispiel die Werbesprüche der Zeitungsjungen, werden in den Roman mithilfe der Montagetechnik hineinmontiert. Auf diese Weise ist es für den Leser nicht immer leicht, die innere Gefühlswelt Biberkopfs von der Wahrnehmung der Realität zu trennen. Damit steht er vor dem gleichen Problem, das Biberkopf selbst hat; Verwirrung und Desorientierung sind die Folge. Auf diese erzähltechnischen Neuerungen des Romans, die eine bahnbrechende Wirkung auf die zeitgenössische Literatur hatten, von konservativen Kritikern vehement abgelehnt wurden und die dabei die formale Modernität des Romans ausmachen, soll später ausführlich eingegangen werden.

Erzähltechnische Neuerungen

Formen personalen Erzählens: innerer Monolog, Bewusstseinsstrom, erlebte Rede

Dass Biberkopf den Blick für das Ganze verloren hat und im Einzelnen unterzugehen droht, wird durch die folgende Episode deutlich. Der durch die Stadt getriebene Biberkopf beobachtet durch die Scheibe einer Kneipe ein Paar beim Einnehmen einer Mahlzeit. Die Vorgänge des Essens und

[1] Ein erläutertes Beispiel für die „erlebte Rede" finden Sie auf S. 122.

Trinkens werden dabei von Biberkopf auf eine seinen Zustand und seine Wahrnehmungsfähigkeit entlarvende Weise beschrieben: „[...] die gossen sich Bier aus Seideln in den Hals, ja was war dabei, sie tranken eben, sie hatten Gabeln und stachen sich damit Fleischstücke in den Mund, dann zogen sie die Gabeln wieder heraus und bluteten nicht." (S. 16) Ein ganz banaler Vorgang des alltäglichen Lebens des Berlins seiner Zeit wird hier zur Bedrohung, weil er vom Protagonisten nicht mehr in seiner Gesamtheit gedeutet, sondern in seine Einzelteile zerlegt wird.

Wahrnehmungsprobleme

Der Zweck der Gabel, nämlich die Nahrung auf praktische und elegante Weise in den Mund zu transportieren, wird hier ignoriert. Stattdessen wird die Gabel als spitzer Gegenstand, der das Potenzial zur Verletzung und Waffe hat, gedeutet und von ihrem eigentlichen, banalen Zweck losgelöst. Ein weiteres Indiz dafür, dass Biberkopf die Kraft und Fähigkeit abhandengekommen ist, seine Umwelt zu ordnen und einzuschätzen. Ein Vorgang, der für ein autonomes, verantwortbares Existieren in der Großstadt notwendigerweise geleistet werden muss, wenn er nicht untergehen will. Genau das droht Biberkopf am Romananfang. Er erscheint als Getriebener, als emotional Obdachloser, keinesfalls als Herr seiner selbst. Kein Wunder, dass er reflexartig die Flucht sucht. Doch selbst fernab des lauten Stadtzentrums fühlt er sich verfolgt: In einer Vision hat er den rein subjektiven Eindruck, dass die Dächer der Häuser schweben und auf ihn herabzurutschen drohen. Nun sind es nicht mehr nur die Menschen, die Biberkopf bedrohen, sondern zugleich die Dinge, über die der Mensch sonst herrscht: „Die Wagen tobten und klingelten weiter, es rann Häuserfront neben Häuserfront ohne Aufhören hin. Und Dächer waren auf den Häusern, die schwebten auf den Häusern, seine Augen irrten nach oben: wenn die Dächer nur nicht abrutschten, aber die Häuser standen grade. Wo soll ick armer Deibel hin, er latschte an der Häuserwand lang, es

Getriebenheit Biberkopfs

nahm kein Ende damit." (S. 17) Das Bild von den herabstürzenden Dächern wird dem Leser leitmotivisch noch häufiger begegnen. Es verdeutlicht, dass auch die Objektwelt zum Gegner Biberkopfs wird. Dabei erscheint klar, dass die Dächer nicht tatsächlich schweben und herabzustürzen drohen, sondern dass diese Gefahr ausschließlich im Inneren Biberkopfs existiert, sie also als ein psychischer Vorgang zu deuten ist. Döblin nutzt dabei die Dächer- und Hausmetaphorik auch, um den Wandel Biberkopfs deutlich zu machen. Findet er anfangs, wie beschrieben, keinen Halt in der für ihn neuen Großstadt, so zeigt sich am Ende des Romans im neunten Buch ein veränderter Protagonist, der seine Umwelt nun anders, geordnet und strukturiert, wahrnimmt. Als vom Tode geläuterter neuer Mensch erscheint ihm die Objektwelt nun wieder stabil und verlässlich: „Die Häuser halten still, die Dächer liegen fest, er kann sich ruhig unter ihnen bewegen, er braucht in keine dunklen Höfe zu kriechen." (S. 147) Damit bleibt zu klären, unter welchen Bedingungen der notwendige Wandel möglich wurde; eine Aufgabe, die im Laufe der Besprechung der acht folgenden Bücher zu bearbeiten ist.

Motiv: herabstürzende Dächer

Kurzfristig reagiert Biberkopf auf die Bedrohung durch das Chaos der Stadt, indem er damit beginnt, mit „lauter Stimme" (S. 18) ein Kriegslied zu brüllen. Auch diese Reaktionsweise Biberkopfs taucht im Laufe des Romans wieder auf. Sie macht deutlich, dass die Hauptfigur des Romans über keine sinnvolle Strategie verfügt, mit den neuen Herausforderungen umzugehen. Denn die Erleichterung, die Biberkopf beim Absingen der Schlachtlieder empfindet, resultiert allein daraus, dass er die ihn verängstigenden Geräusche der Stadt einfach übertönt und für die Zeit des Gesangs nicht mehr wahrzunehmen braucht. Dies ändert aber natürlich nichts daran, dass das Problem weiterhin vorhanden ist. Biberkopfs Strategie ähnelt also eher der eines Kindes: „Aus den Augen – aus dem Sinn."

Strategie: Absingen von Kampfliedern

Die Geschichte des Stefan Zannowich (S. 22)

Ein sogenannter roter Jude (Mitglied eines legendenhaften jüdischen Volkes) trifft auf den aufgewühlten Biberkopf und bietet ihm Hilfe an. Im Gespräch mit einem weiteren älteren Juden wird erstmals der Grund für die Haftstrafe Biberkopfs angesprochen. Biberkopf weist dabei – und das ist typisch für sein verantwortungsloses Denken – die Verantwortung von sich und präsentiert sich als Opfer, nicht als Täter. Einer der Juden erzählt Biberkopf nun die Geschichte von Stefan Zannowich, die etwas breiteren Raum einnimmt: Der junge Zannowich tritt in die Fußstapfen seines betrügerischen Vaters und macht eine ähnliche Karriere in der Illegalität. Doch bleiben die Hochstapeleien des Zannowich nicht unbemerkt, sodass die Geschichte ohne Happy End ausgeht, Zannowich entgeht einer langen Gefängnisstrafe durch den Selbstmord. Erzählen die Juden diese parabelhafte Geschichte zur Warnung, liest Biberkopf sie anders. Er hält den jungen Betrüger wie sich selbst für Opfer der Gesellschaft, der man mit aller Härte entgegenstehen sollte. Statt Einsicht und Reflexionsfähigkeit zu fördern, erreicht die Geschichte bei Biberkopf das Gegenteil: Er will die Welt mit aller Macht und Gewalt erobern, ohne Rücksicht auf Verluste. Auch die Mahnung der Juden „Man soll auf andere hören“ (S. 22) verhallt im Nichts, denn in der Folge hört Biberkopf allein auf sich und seinen Bauch. Darin liegt einer seiner entscheidenden Fehler, in der Weigerung, sehend zu werden und zu „erkennen, was geschehen ist“ (S. 25). Erst wenn Biberkopf sich am Romanende seiner eigenen Schuld stellt, wird er von der Figur des Todes erlöst und darf ein neues Leben beginnen. Doch bis dahin ist es noch ein weiter Weg.

Warnung: Die Geschichte des Stefan Zannowich

Weigerung, die eigene Schuld zu erkennen

Im zweiten Kapitel des ersten Buches wird der weitere Tagesablauf beschrieben. Nach einem Kinobesuch geht Biberkopf zu einer Prostituierten, doch der Versuch, sein männliches Selbstwertgefühl zu steigern, geht schief, da er

Impotenz

offensichtlich unter Impotenz leidet. Die Episode macht deutlich, dass Biberkopf Frauen anfangs nur als bloße Verfügungsmasse des sexuell ausgerichteten Mannes betrachtet: „Ick bin frei. Ick muß ein Weib haben." (S. 33) Die sexuellen Frustrationserfahrungen machen Biberkopf wütend, was für Minna, Schwester der von Biberkopf ermordeten Ida, gravierende Folgen hat. Denn ihr stattet Biberkopf nach seiner Blamage bei der Prostituierten einen Besuch ab, der mit der Vergewaltigung Minnas endet. Die brutale Gewalttat gibt dem gestörten Triebtäter sein vermeintliches Selbstbewusstsein zurück: „Das ist der alte gute Franz Biberkopf." (S. 39) Dem Leser wird an dieser Stelle das fehlende moralische Bewusstsein Biberkopfs besonders deutlich vor Augen geführt, schließlich deutet dieser eine brutale Gewalttat in eine Art Heldengeschichte um. Einmal mehr wird die (moralische) Blindheit des Protagonisten für die Wahrheit deutlich. Das Leid des Opfers ist ihm egal, ihm geht es allein darum, für sich neues Selbstbewusstsein zu entwickeln und sich selbst zu spüren: „Franz ist wieder lebendig, Franz ist wieder da!" (S. 40)

Vergewaltigung Minnas

Am nächsten Tag trifft Franz erneut auf die Juden, deren Warnungen er am Vortag ignoriert und verworfen hat. Diese erzählen ihm eine kleine Parabel von einem Ball mit kaum zu kontrollierender Flugbahn. Und weil sie Biberkopfs hitziges Gemüt bereits kennengelernt haben, liefern die Juden Biberkopf sogleich die Deutung der Parabel mit: „‚Ihr seid ein guter Mensch. Aber seid nicht so wild. Seid schön ruhig. Seid geduldig auf der Welt. […] Der Ball, seht, der fliegt nicht, wie Ihr ihn werft und wie man will, er fliegt ungefähr so, aber er fliegt noch ein Stückchen weiter und vielleicht ein großes Stück, weiß man, und ein bißchen beiseite.'" (S. 44) Für derlei philosophische Bescheidenheit hat der übermütige und durch die Vergewaltigung selbstbewusstere Biberkopf keinen Sinn, er schlägt alle Warnungen in den Wind. Zwar nimmt er die Bildhaftigkeit der Pa-

Ignoranz und Überheblichkeit Biberkopfs

rabel, deren kritischen Gehalt er offensichtlich versteht, auf, weist aber ihre Relevanz für sein eigenes Leben von sich: „‚Mein Ball fliegt gut, Sie! Mir kann keener.'" (ebd.) Mit dieser erneuten Betonung der Weigerung Biberkopfs, seine eigene Schuld anzuerkennen, endet das erste Buch. Damit ist der weitere Handlungsverlauf vorgezeichnet: Auch wenn er sich geschworen hat, „anständig zu bleiben", ist es nur noch eine Frage der Zeit, bis er auf die schiefe Bahn gerät und den ersten von drei Schlägen erhält, die ihn zur Besinnung bringen sollen (S. 45).

Franz Biberkopf ist am Anfang der Romanhandlung …

- ängstlich
- eingeschüchtert vom Lärm der Großstadt
- ohne Orientierung
- heimatlos
- überheblich und wenig reflektiert

kein klassischer „Held"

Zweites Buch (S. 47 – 104)

Biberkopf-Handlung wird unterbrochen

Endet das erste Buch mit dem Plan Biberkopfs, ein neues Leben in Berlin zu beginnen, überrascht der Beginn des zweiten Buchs mit der Weigerung, diese Geschichte zu erzählen. Statt nämlich nun auf Biberkopfs Versuche, in Berlin Fuß zu fassen, erzählerisch einzugehen und so die Romanhandlung voranzutreiben, wird in Form einer Montage eine Momentaufnahme des Rosenthaler Platzes inmitten Berlins gezeichnet, der Erzählfluss der Biberkopf-Handlung wird unterbrochen und auf diese Weise das Aufkommen von Spannung verhindert. Es wechseln Piktogramme mit amtlichen Bekanntmachungen, Wortlaute von amtlichen Anträgen mit Zeitungsmeldungen, Aufzählungen von Haltestellen der S-Bahn mit Informationen des Polizeipräsidenten zum Jagdrecht. Die Vielfalt dieser mit der Biberkopf-Hand-

Momentaufnahme des Rosenthaler Platzes

Aufkommen von Spannung wird verhindert

lung in keinem Zusammenhang stehenden Montage macht deutlich, dass es an dieser Stelle darum geht, die Eigenständigkeit der Stadt zu betonen. Sie dient, anders als in vielen Romanen des poetischen Realismus, nicht der bloßen Ausmalung von interessanten Hintergründen zur Illustration der (Helden-)Geschichte, sondern sie hat ihren eigenen Wert. Man kann sogar sagen, dass die Stadt selbst als eine Art eigenständiger Organismus auftritt: „Der Rosenthaler Platz unterhält sich." (S. 51) Dabei wird sehr schnell deutlich, dass die Stadt nicht mit dem Menschen kommuniziert, sondern nur mit sich selbst. Die Stadt verhält sich selbstreferenziell, d. h., sie kreist nur um sich selbst und interessiert sich nicht für ihre Bewohner. Auch die individuelle Biografie Biberkopfs ist ihr egal. Deutlich werden diese Gleichgültigkeit und Eigenständigkeit der Großstadt Berlin durch die Form der Montage an dieser Stelle, die einen großen Raum einnimmt. Beim Leser entsteht der Eindruck, dass er selbst in der Mitte des Rosenthaler Platzes steht und die Vielfalt der Eindrücke auf ihn einprasseln. Entscheidend dabei ist, dass es keinen inhaltlichen Filter gibt: Alles prasselt in gleicher Weise auf den Leser ein, alles hat den gleichen Wert; das gilt für die Wettervorhersage wie für den Fahrplan der S-Bahn, deren Haltestellen in Gänze aufgeführt werden, als auch für ökonomische Informationen (AEG) und Straßenverläufe. Menschliche Schicksale werden durchaus auch in dieses Mosaik hineinmontiert, sie erhalten aber gegenüber der Dingwelt Berlins keine herausgehobene Bedeutung und werden nur beiläufig in aller Durchschnittlichkeit erwähnt. Die Menschen sind ein Teil des großen Ganzen, als Teil des „Organismus Stadt" aufeinander angewiesen und stehen in einem funktionalen Zusammenhang. Sie sind nicht mehr wert als die Vorgänge in der Stadt, in die sie zwanghaft integriert sind und deren Imperativen (Befehlen) sie Folge leisten müssen. Eine solche Aufwertung städtisch-anonymer Vorgänge ist grundsätzlich neu in der Literatur der Zeit,

Eigenständigkeit der Stadt: Organismus

Montage: Mosaik

Der Mensch ist Teil des „Organismus Stadt"

denn bis dato spielte die Stadt eher eine Rolle im Hintergrund. Sie bildete bestenfalls die Kulisse für eine Einzelgeschichte, trat aber nie selbst dermaßen in den Vordergrund, dass der eigentliche Plot – die Biberkopf-Handlung – fast in Vergessenheit zu geraten droht.

Inhalt der Parallelgeschichten erinnern an Biberkopf

Erst nach sechs Seiten kehrt Franz Biberkopf in den Blick des Lesers zurück. Doch auch hier ist der Bezug nur auf den zweiten Blick herstellbar, denn der Leser hat teil an zwei Kneipengesprächen, an denen Biberkopf selbst nicht beteiligt ist. Inhaltlich geht es dabei um einen verzweifelten jungen Mann, der zusammen mit seiner Frau ein zweites Kind erwartet und gleichzeitig von Arbeitslosigkeit bedroht ist. Mehrmals betont der Mann im Gespräch seine hoffnungslose Lage: „‚Hab keinen Mut, hab keinen Mut.'" (S. 56) In dieser Geisteshaltung liegt die Gemeinsamkeit mit Biberkopf, der sich gerade zu Romanbeginn ähnlich selbstmitleidig und ohne jede Selbstkritik verhält. Gleiches gilt für die Aussagen eines drogensüchtigen Oberlehrers, dessen Leben man ebenfalls als gescheitert ansehen kann, der hierfür jedoch die Verantwortung ablehnt: „‚Ich habe nicht bereut, Schuld empfinde ich nicht; mit den Tatsachen, auch mit sich, muß man sich abfinden.'" (ebd.) Dieser Satz könnte fast wörtlich von Franz Biberkopf selbst stammen. In der Erbärmlichkeit dieser Figur wird dem Leser auf erzähltechnisch geschickte Art indirekt vor Augen geführt, dass Biberkopfs Denk- und Verhaltensweisen falsch und ursächlich für sein noch kommendes, aber bereits angekündigtes Scheitern sind. Zugleich wird deutlich gemacht, dass Döblin auch eine andere Geschichte als die des Franz Biberkopf hätte erzählen können; die Geschichte des jungen arbeitslosen Mannes oder die des morphiumsüchtigen Oberlehrers hätten exemplarisch ausgewählt werden können. Damit erfolgt eine Abwertung der Vorstellung vom individuellen Romanhelden, der gerade in der deutschen Tradition des Bildungs- und Entwicklungsromans stand und dessen Lebens- und Lernprozess literarisch ausgestaltet wurden. Ähnlich wie die wichtige Zannowich-Episode aus dem ersten Buch des Romans lassen sich diese weitaus kürzeren Geschichten auf das Leben Biberkopfs beziehen, sie werden so zu Parallelgeschichten, die gleichzeitig die Biberkopf-Handlung kommentieren und vor allem verallgemeinern. Sie entkleiden sie vom Individuellen und betonen das Überindividuelle, das Immergültige und Exemplarische. Das gilt auch nahezu für alle weiteren Parallelgeschichten des Romans, die eine ähnliche Funktion haben und im Rahmen dieser Ausführungen nicht detailliert vorgestellt werden können.

Funktion der Parallelgeschichten: das Allgemeine, Exemplarische, Überindividuelle

Franz Biberkopf muss sich bewähren (S. 59 ff.)

In den folgenden Kapiteln hat der Leser teil an den Versuchen Franz', in Berlin Fuß zu fassen. Auf Anraten seines Freundes Meck entschließt er sich, Handel zu treiben, da er hofft, auf diese Art am schnellsten und ehrlichsten zu Geld zu kommen. Auf einer Versammlung von Gewerbetreibenden lässt er sich sofort überzeugen und beantragt die Mitgliedschaft im Verband, eine Verhaltensweise, die die Spontaneität und Impulsivität Biberkopfs erneut betont. Dennoch lässt der Erzähler keinen Zweifel an der Tatsache, dass Biberkopf zu diesem frühen Zeitpunkt noch daran glaubt, seinen Lebensunterhalt ehrlich verdienen zu können. Voraussetzung dafür ist aber, wie er in einem Gespräch mit seinem Freund Meck verrät, der notwendige Abstand zur Umwelt: „‚Verflucht, laß dich nicht mit die Menschen ein, geh deiner eigenen Wege. Hände weg von die Menschen.'" (S. 65) Damit ignoriert er zum zweiten Mal die Anregung der Juden aus der Romanexposition, die ja gerade eine Hinwendung zu den Mitmenschen („auf die Welt zugehen") einforderten.

Strategie Biberkopfs: Abstand zu den Mitmenschen

In den folgenden Abschnitten erfährt der Leser Genaueres über Biberkopfs Versuche, sich eine (klein-)bürgerliche Existenz aufzubauen. Seinen Job als Schlipshalterverkäufer gibt er bald zugunsten des Zeitungsverkaufs auf: „‚Ich melde mir irgendwo und handl Zeitungen. Das ist was.'" (S. 71) Als er von einem Homosexuellen auf einer Versammlung dazu gebracht werden soll, sexuelle Aufklärungsmagazine zu verkaufen, kommt es zu einem Konflikt mit seiner neuen Freundin Lina, die sich über dieses Anliegen moralisch empört und es daher zurückweist. Diese Zurückweisung geschieht mithilfe einer Montage von Zitaten aus einem anderen bekannten Werk der deutschen Literatur, aus Heinrich von Kleists „Prinz Friedrich von Homburg". Während Lina ihren wortreichen Konflikt mit besagtem Zeitungsverkäufer austrägt, werden Sprüche von zwei Figuren aus dem unteren sozialen Milieu mit anspruchsvollen Aussagen aus Kleists idealistischem Drama kombiniert. Dabei entsteht der Eindruck, dass Döblin sich über den hohen moralischen Anspruch des Klassikerdramas lustig machen will und es auf diese Weise kritisiert: „Nun, o Unsterblichkeit, bist du ganz mein, Lieber, was für ein Glanz verbreitet sich, Heil, Heil, den Prinz von Homburg, dem Sieger in der Schlacht von Fehrbellin, Heil! [...] ‚Noch een Jilka.'" (S. 78) Das Zitat macht die Fragwürdigkeit des Pathos des literarischen Klassikers deutlich, da die hohe Sprache und der anspruchsvolle Inhalt des Dramas in starkem Gegensatz zum letzten Satz („Noch een Jilka") stehen und so einen komischen Eindruck entstehen lassen, der an Parodie grenzt. Wenn in den Romantext Sequenzen aus anderen literarischen Texten eingewebt, montiert werden, spricht man von Intertextualität. In Döblins Roman geschieht dies an mehreren Stellen. Der Leser kann diese nur verstehen, wenn er den hineinmontierten Bezugstext kennt, er muss also über ein gewisses Maß an (literarischer) Bildung verfügen, um Döblins Anliegen nachvollziehen zu können. Montiert Döblin Zitate aus literarischen Klassikern wie z. B. aus Schillers „Lied von der Glocke", dann geht es meist um Kritik an

Intertextuelle Verweise: Kritik an alten Werten der Klassik

diesen klassischen, in Deutschland hoch angesehenen Werken und den in ihnen postulierten Normen und Werten. Der klassisch-idealistische Wertekanon („Edel sei der Mensch, hilfreich und gut!", J.W. von Goethe) wird zugunsten konkret wahrnehmbarer Wahrheit abgelehnt.

In Lessings Drama der Aufklärung „Nathan der Weise" lässt dieser seine Hauptfigur Nathan sagen: „Kein Mensch muss müssen." Damit betont Lessing die Eigenverantwortlichkeit des Individuums und seine personale Autonomie gegenüber den Ansprüchen der Gesellschaft. Bei ihm hat der Einzelne sein Schicksal selbst in der Hand, er wird als Herr seines Lebens verstanden. Döblin sieht das anders und macht seine Ablehnung deutlich, indem er das Zitat in einem fremden Kontext zitiert und gleichzeitig entwertet: „Er wird in Verbrechen hineingerissen, er will nicht, er wehrt sich, es geht über ihn, er muß müssen." Damit wird nochmals betont, dass Biberkopf in seinem Handeln nicht als freier Mensch zu verstehen ist, sondern viel eher als Getriebener der Gesellschaft und ihrer Ansprüche, die der Hauptfigur keine Zeit lassen, zur Ruhe zu kommen und sich zu besinnen, sondern sie permanent unter Handlungszwang setzen. Genau dieser Druck und Stress sind dann auch eine zentrale Ursache für die Fehler, die Biberkopf im Laufe der Romanhandlung begeht.

Biberkopf: Zwang statt Handlungsfreiheit

Im Folgenden wird die politische Geisteshaltung Biberkopfs, der nun rechtsextremistische Zeitungen verkauft, deutlich. Sie unterscheidet sich grob gesagt nicht von dem Denken vieler einfacher Menschen zur Zeit der Weimarer Republik (1919–1933), der ersten deutschen Demokratie, die bekanntlich von der nationalsozialistischen Diktatur unter Adolf Hitler (1933–1945) abgelöst wird. Biberkopfs Denken steht repräsentativ und exemplarisch für viele andere Menschen, deren Hoffnungen auf ein besseres Leben nach dem Untergang des Wilhelminischen Kaiserreichs enttäuscht wurden. Obwohl eigentlich ein unpolitischer

Politische Geisteshaltung: Ablehnung der Demokratie und ...

Mensch, lässt sich Biberkopf von den Parolen der Rechtsextremen mitreißen und schließt sich ihnen kritiklos an. Deutlich werden die Ablehnung des demokratischen Systems, das für ein Leben in Hunger und Inflation (Geldentwertung) verantwortlich gemacht wird, sowie ein ausgeprägter Antisemitismus. Den Juden wird schon hier die Schuld am Niedergang Deutschlands gegeben; eine in der deutschen Öffentlichkeit nachweisbare Stimmung, die Hitler mit seinem radikalen Judenhass nur aufnehmen und zuspitzen muss, um von eigenen Unzulänglichkeiten abzulenken und den Hass zu bündeln. Auch vom Führerprinzip scheint Biberkopf angesichts des Chaos der Großstadt überzeugt zu sein, er erhofft sich hiervon Ruhe, Disziplin und Ordnung: „[...] er ist für Ordnung. Denn Ordnung muß im Paradiese sein, das sieht ja wohl ein jeder ein. Und der Stahlhelm, die Jungens hat er gesehn, und ihre Führer auch, das ist was." (S. 82) Biberkopfs Plädoyer für eben diese Werte erinnert an die Romanexposition, die verdeutlicht, dass Biberkopf sich nach der behütenden Atmosphäre im Gefängnis zurücksehnt, da er mit der Vielfalt der Eindrücke, die in Berlin auf ihn einprasseln, nicht zurechtkommt. Der immer gleiche Tagesablauf im Gefängnis, die eindeutigen Befehle der Wärter und die kumpelhafte Gemeinschaft unter den Mitgefangenen haben für ein Gefühl von Heimat und Geborgenheit gesorgt. In Freiheit vermisst Biberkopf ein solch einfaches, klar strukturiertes und geordnetes Leben. Im pluralistischen Parteiensystem der Demokratie der Weimarer Republik wird das Streiten der Parteien von vielen als kleinlich und gemeinschaftszersetzend empfunden, die Sehnsucht nach einem alles einigenden Führer wächst, bei Biberkopf wie bei großen Teilen der deutschen Bevölkerung.

... Sehnsucht nach Ordnung und Führung

Auf seinen alten Kriegsfreund Georg Dreske, der über die rechtsextremistische Gesinnung seines Kumpels Franz entsetzt ist, trifft Biberkopf auf einem Volksfest. Dieser ist mittlerweile Kommunist und entsprechend schockiert, als er an

Biberkopfs Arm die Hakenkreuz-Binde erblickt. Es kommt zu inhaltlichen Diskussionen über Politik, die immer hitziger werden und darin gipfeln, dass Biberkopf das Lied „Die Wacht am Rhein" absingt, was wegen seines konservativ-nationalen Inhalts eine massive Provokation für die Anwesenden darstellt, die sich der politischen Linken zuordnen lassen. Kein Wunder, dass er als verkappter Faschist beschimpft wird, was Biberkopf nur noch aggressiver macht, ihn zum Absingen nationalsozialistischer Parolen verführt und seine Grundeinstellung gegenüber dem neuen Leben in Freiheit verfestigt: „Was wollen die Leute von einem, erst die Schwulen, die einen nichts angehen, jetzt die Roten. Was geht mich das alles an, sollen ihren Mist alleene fahren." (S. 96) Biberkopf hält sich für „stark wie eine Kobraschlange" (S. 98), er ist auf Hilfe und Unterstützung durch andere Menschen nicht angewiesen, ein Fehler, wie sich später herausstellen wird. Insgesamt macht dieses Kapitel deutlich, dass Biberkopfs politisches Denken eher spontan und situationsabhängig ist. Es beruht auf einem Mitlaufen in einer allgemein spürbaren Stimmung und ist weniger das Resultat einer wohlüberlegten analytischen Entscheidung. Auch später erweisen sich Biberkopfs politische Ideen als brüchig und instabil, er wechselt noch des Öfteren das Pferd, ein für den Erzähler sehr wichtiger Charakterzug Biberkopfs, der immer wieder erwähnt und mitverantwortlich für sein Scheitern gemacht wird.

Selbstbild: „stark wie eine Kobraschlange"

Mitläufer

Der Mord an Ida im Rückblick und die Schuldfrage (S. 98–104)

Rückblick: Ermordung Idas

Am Ende des zweiten Buches wird der Leser über den Ablauf der Ermordung Idas informiert, für die Biberkopf vier Jahre lang wegen Totschlags im Affekt im Gefängnis saß. Dabei überrascht das völlige Fehlen von Mitleid des Erzählers mit dem traurigen Schicksal des „niedlichen Mädchens" (S. 99), denn der Ton dieses Abschnittes ist ausgesprochen sachlich gehalten: „Dies ist passiert bei einer Auseinandersetzung zwischen Franz und Ida, [...], wobei zunächst folgende Organe des Weibes leicht beschädigt wurden: die Haut über der Nase am spitzen Teil und in der Mitte, der darunter liegende Knochen mit dem Knorpel, was aber erst im Krankenhaus bemerkt wurde und dann in den Gerichtsakten eine Rolle spielte, ferner die rechte und linke Schulter, die leichte Quetschungen davontrugen mit Blutaustritt." (S. 98f.) Durch die bewusst sachlich gehaltene Beschreibung des ungeheuerlichen Vorgangs tritt ein Verfremdungseffekt ein, der die Handlung umso stärker betont. Den gleichen Effekt erzielt die anschließende mathematisch-physikalische Erklärung des Totschlags mithilfe des ersten Newtonschen Gesetzes. Hier wird sogar die physikalische Formel zitiert (vgl. S. 100), um die Folgen der Gewaltanwendung an Ida zu illustrieren: „Die Spirale des Schaumschlägers wird zusammengepresst, das Holz selbst tritt auf. Auf der andern Seite, Trägheits-, Widerstandsseite: Rippenbruch 7.–8. Rippe, linke hintere Achsellinie." (ebd.) Die klinisch-neutrale Sprache ohne Mitgefühl verstärkt die Ungeheuerlichkeit des Vorgangs, da an dieser Stelle Neutralität unangebracht ist, schließlich wird das Opfer Ida unschuldig um ihr Leben gebracht. Mit der Verwendung eines solchen Verfremdungseffekts, auch als „V-Effekt" bekannt, steht Döblin in der Tradition der Konzeption des epischen Theaters des berühmten deutschen Dramatikers Bertolt Brecht. Dieser erhoffte sich durch verfremdende Maßnahmen in seinen literarischen Werken, dass sich die Zuschauer bzw. Leser tiefere Gedanken um Ursachen und Verantwortlichkeiten für das Geschehen machen, statt Mitleid mit einer Figur zu empfinden und durch diese Gefühle von der eigentlich notwendigen Reflexionsarbeit abgelenkt zu werden.

Verfremdungseffekt

Nähe zum epischen Theater des Dramatikers Bertolt Brecht

Das zweite Buch endet, indem das beschriebene Verbrechen mit einer Erzählung aus der griechischen Mythologie

Rückgriff auf griechische Mythologie

verglichen wird: Im Orestes-Mythos tötet Orestes den Geliebten seiner Mutter und diese selbst, als er erfährt, dass sein Vater Agamemnon von eben diesen ermordet wurde. Der brutale, sachlich aber durchaus nachvollziehbare Racheakt löst in Orestes dauerhafte und ihn plagende Gewissensbisse aus. „Da steht unser Franz Biberkopf anders da." (S. 102) Anders als Orestes quälen diesen überhaupt keine Schuldgefühle, darüber macht sich der einfach gestrickte Biberkopf keine Gedanken. Dabei wäre die Auseinandersetzung mit seiner persönlichen Schuld die Voraussetzung für seine eigene Heilung, doch alles bleibt so, wie es auch vor der Haft war: „Der sie getötet hat, geht herum, lebt, blüht, säuft, frißt, verspritzt seinen Samen, verbreitet weiter Leben." (ebd.) Bei dieser Einstellung ist es nicht verwunderlich, dass im anschließenden dritten Buch vom ersten großen Schlag berichtet wird, den Biberkopf versetzt bekommt und der seinen Veränderungsprozess initiiert.

Keine Auseinandersetzung mit persönlicher Schuld

Drittes Buch (S. 105 – 120)

Die Vorrede des sehr kurzen, nur 15 Seiten langen, außergewöhnlich geradlinig erzählten Buches informiert über den groben Inhalt: Biberkopf widerfährt der erste von drei Schlägen, die ihn am Ende symbolisch sterben lassen und – nach einer langen Phase der Weigerung – seine eigene Schuld anerkennen lassen. Konkret macht Franz die folgenreiche Bekanntschaft mit einem Onkel seiner Freundin Lina, Otto Lüders. Gemeinsam ziehen die beiden einen leidlich erfolgreichen Schnürsenkelhandel auf. Einzeln ziehen die beiden von Tür zu Tür und bringen ihre Ware an den Mann. Nach Feierabend, so wird es ihnen zur Gewohnheit, treffen sich die beiden Geschäftspartner dann auf einige Biere in der Kneipe und erzählen, wie es ihnen ergangen ist. Franz' schon bekannte Prahlerei und Angeberei werden ihm eines Abends zum Verhängnis, als er Lüders unter Alkoholeinfluss davon

Schnürsenkelhandel mit Lüders

berichtet, dass er im Zuge seiner Arbeit Bekanntschaft mit einer reichen Witwe gemacht habe, zu der er mittlerweile sogar ein sexuelles Verhältnis unterhalte. Zudem bewahre sie Teile seiner Ware für ihn auf. Der auf diesen Erfolg neidische Lüders lässt sich die Adresse der Witwe geben und sucht diese am nächsten Tag auf. Die Witwe fällt auf einen Trick Lüders' herein und lässt diesen in ihre Wohnung. Dort raubt Lüders sie aus: „‚Also, man raus mit das Kleingeld.'" (S. 110) Als der ahnungslose Biberkopf am nächsten Tag bei der Witwe klingelt, kommt diese „nicht mal zur Tür" (S. 112) und sperrt ihn aus. Ein Brief informiert Biberkopf am Folgetag über den Grund für das für ihn unerklärliche Verhalten: Die Witwe macht Biberkopf schwere Vorwürfe und gibt diesem die Schuld an dem Vorfall mit Lüders. Interessant ist nun vor allem die Reaktion Biberkopfs auf diesen Betrug, den sogenannten ersten Schlag. Erwartet der Leser aufgrund des bisherigen Bildes, das er sich vom Ex-Häftling gemacht hat, dass dieser wütend und aggressiv reagiert, eventuell Lüders aufsucht und diesen verprügelt, so erstaunt doch die inhaltlich ganz anders strukturierte Gedankenwelt Biberkopfs: „Das ist die Strafe, mich haben sie rausgelassen, die andern buddeln noch Kartoffeln hinter dem Gefängnis an dem großen Müllberg, und ich muß die Elektrische fahren, verflucht, es war doch ganz schön da." (S. 113) Der nur mit großer Mühe die Fassung bewahrende Biberkopf sehnt sich in dem Moment, in welchem er einer ersten Belastungsprobe in der Freiheit ausgesetzt ist, zurück nach der „Geborgenheit" des Gefängnisses, ein Paradox, dem der Leser schon auf der ersten Seite des Romans begegnet und das hier wieder aufgenommen wird.

Betrug an Biberkopf und der Witwe – erster Schlag

Sehnsucht nach dem Gefängnis

Parallelgeschichte: Episode vom trauernden Ehepaar (S. 114f.)

Bevor es mit der Schilderung der Reaktion Biberkopfs auf den Betrug durch Lüders weitergeht, wird die Chronologie der Erzählung unterbrochen. Eingeschoben wird erneut eine knapp gehaltene Parallelgeschichte von einem Ehepaar, dessen krankes Kind auch aufgrund von ärztlichen Fehlern stirbt. Der Ehemann, dessen rechter Arm wegen einer Kriegsverletzung gelähmt ist, überhäuft den Hausarzt mit nachvollziehbaren Vorwürfen, da sein krankes Kind zu lange auf die notwendige ärztliche Behandlung habe warten müssen: „Ich bin ein Krüppel, wir haben im Feld geblutet, uns läßt man warten, mit uns kann man machen." (S. 115) Bei aller verständlichen Wut sieht der Mann im abschließenden Gespräch mit seiner Frau aber ein, dass dem Arzt nicht die alleinige Schuld an dem tragischen Geschehen zu geben ist: „Er ist ja ein guter Mann. Der Mann ist auch nicht der jüngste und hat zu tun und muß sich schuften. Weiß ich alleine." (ebd.) Das erschütterte Ehepaar beruhigt sich wieder und trinkt am Ende einen Kaffee. Die Funktion dieser Geschichte für die Biberkopf-Handlung wird dem Leser an dieser Stelle auf den ersten Blick nicht sofort einsichtig, dennoch kann man sie als Kommentar der Biberkopf-Handlung verstehen. Die Armverletzung des Ehemanns, die aus dem Krieg herrührt, greift voraus auf den Autounfall Biberkopfs, bei dem dieser einen Arm verliert und zum Krüppel wird. Die berechtigte Wut des Vaters gleicht der Verärgerung, die Biberkopf verspürt, als er erfährt, dass sein vermeintlicher Freund und Geschäftspartner Lüders ihn betrogen hat. Doch damit sind der Parallelen auch genug, denn entscheidend sind die Unterschiede. Anders als Biberkopf macht sich der trauernde Vater Gedanken um weitere Gründe für das Geschehen, er gibt dem Arzt nicht die alleinige Schuld, äußert sogar Verständnis für dessen Verspätung und sucht die Hilfe seiner Frau. Er findet Trost und Zuwendung in der Liebe seiner Frau, wendet sich also in seiner Einsamkeit und Trauer einem Mitmenschen zu. Ganz anders Döblins Protagonist, denn „Franz Biberkopf ist verschwunden" (S. 116). Er weiß mit diesem ersten Schicksalsschlag nicht anders

Tod eines kranken Kindes

Umgang mit Wut und Trauer

Funktion der Parallelgeschichte: Kommentar

Parallelen zu Biberkopf

Unterschiede zu Biberkopf

umzugehen, als sich in die Anonymität der Großstadt zu begeben und unterzutauchen. Statt wie der trauernde Vater die Nähe der geliebten Mitmenschen zu suchen und auf diese Weise Erleichterung zu finden, zieht er sich zurück: „Den Franz Biberkopf finden Meck und Lina nicht. Sie rennen durch halb Berlin und finden den Menschen nicht." (S. 120) Dass genau in dieser fatalen Verhaltensweise der entscheidende Fehler Biberkopfs liegt, wird spätestens am Romanende deutlich, wenn es von Biberkopf heißt: „Er steht nicht mehr allein am Alexanderplatz. Es sind welche rechts von ihm und links von ihm, und vor ihm gehen welche, und hinter ihm gehen welche. Viel Unglück kommt davon, wenn man allein geht. Wenn mehrere sind, ist es schon anders. Man muß sich gewöhnen, auf andere zu hören, denn was andere sagen, geht mich auch an." (S. 453)

Viertes Buch (S. 121–162)

Biberkopf ertränkt seinen Frust in Alkohol und isoliert sich

Im vierten Buch geht es darum, in welcher Weise Biberkopf den im dritten Buch erlittenen ersten Schlag verarbeitet. Grundsätzlich lässt sich feststellen, dass die nach seiner Entlassung aus dem Gefängnis erste negative Erfahrung mit den Menschen – der Betrug seines Freundes und Arbeitskollegen Lüders an ihm – dazu führt, dass Biberkopf nachlässig mit sich selbst verfährt, innerlich und äußerlich verfällt und verroht: „Immer rumliegen auf der Bude, und nichts als trinken und dösen und dösen!" (S. 128) Anfangs verlässt er nur noch selten seinen neuen Unterschlupf in Berlin, er lebt dumpf vor sich hin und ertränkt seinen Kummer frustriert in großen Mengen harten Alkohols. Schließlich rafft er sich eines Tages doch noch auf und begibt sich zu den beiden Juden, mit denen er schon im ersten Buch Kontakt aufgenommen, ihre Warnungen und Ratschläge jedoch leichtsinnig ignoriert hat. Analog zu seiner Erfahrung mit den ihn bedrohenden, weil abrutschenden Dächern im ersten Buch kontrolliert Biberkopf auch hier wieder die Häuserfronten und Dächer, und auch hier begegnet er der Gefahr ganz ähnlich: Er singt laut Kampflieder, die die Bedrohung übertönen sollen: „Fest steht und treu die Wacht, die Wacht am Rhein." (S. 131) Die Strategie geht dieses Mal auf, da die Dächer nicht von den Häusern zu rutschen drohen. Kein Wunder, dass Biberkopf sich „stark wie eine Kobraschlange" (S. 130) fühlt und sich – ein altbekannter und verhängnisvoller Wesenszug – überschätzt. Den objektiv zweifellos richtigen Ratschlag der beiden Juden, sich doch endlich eine Arbeit zu suchen, um eine bürgerliche Existenz zu gründen, schlägt er infolgedessen in den Wind, da er sich gegenüber der Gesellschaft nicht in der Bringschuld sieht: „Ich habe getan, was ich tun kann." (S. 133) Seit dem Betrug durch Lüders sieht er sich als unschuldiges Opfer, das aus dem Paradies vertrieben wurde. Im biblischen Mythos vom Sündenfall werden Adam und Eva infolge des Sündenfalls aus dem Paradies entlassen und müssen nun „Staub fressen zeitlebens" (S. 134). Doch anders als die beiden ersten Menschen, die für ihr eigenes Fehlverhalten von Gott zurecht bestraft werden, hält Biberkopf sich für absolut unschuldig. Das Leben – so seine Wahrnehmung – hat ihm böse mitgespielt. Daher rührt die Weigerung, es noch einmal auf ehrliche Art zu versuchen und in Berlin Arbeit zu suchen und gesellschaftlich Fuß zu fassen: „Wir arbeiten nicht mehr, es lohnt nicht, und wenn der ganze Schnee verbrennt, wir rühren keinen Finger." (ebd.)

Weigerung zu arbeiten

Biblischer Mythos vom Sündenfall

Schlachthof-Sequenz (S. 136–143)

Die Biberkopf-Handlung wird an dieser Stelle durch eine längere und für die Interpretation sehr wichtige Schlachthof-Sequenz unterbrochen. Eingeleitet wird diese durch ein Bibelzitat aus Prediger 3,19: „Denn es geht dem Menschen wie dem Vieh; wie dies stirbt, so stirbt er auch." (S. 136) Es schließt sich eine äußerst detaillierte Beschrei-

„Denn es geht dem Menschen wie dem Vieh"

bung des Berliner Schlachthofs an, von der Größe über den finanziellen Umsatz bis hin zu der Zahl der Angestellten. Den Kern der Ausführungen bildet jedoch eine Darstellung der Schlachtvorgänge selbst: Für den Leser grausam und gefühllos wird dargelegt, auf welche Weise Schweine zu Tode kommen: „Die Schweine grunzen und schnüffeln am Boden, sie sehen nicht, wo es hingeht [...].“ (S. 137) Schon hier wird deutlich, welchen Bezug die Schlachthof-Sequenz zur Biberkopf-Handlung hat: Wie die ahnungslosen Schweine gut gelaunt ihrem Tod entgegenlaufen, so geht auch der Mensch orientierungslos und unwissend durch das Leben, auch er wird unschuldig geopfert. Schicksalsblind hat Biberkopf sich seinem Freund Lüders anvertraut und wurde dafür – so jedenfalls seine Selbstwahrnehmung – auf dem Altar der eigenen Gutmütigkeit und Naivität „geschlachtet“.

Bezug zur Biberkopf-Handlung

Motiv des Schicksals

„Schlachthof“

Die Tiere werden im Schlachtungsvorgang sogar um Nachsicht für das gebeten, was der Mensch ihnen ohne ihr Wissen antut: „Siehe da, das ist der letzte Mensch, der sich mit euch beschäftigt! Denkt nicht schlecht von ihm, er tut nur, was seines Amtes ist. Er hat eine Verwaltungsangelegenheit mit euch zu regeln." (S. 139) Durch die Formulierung wird deutlich, dass das Geschehen von keinem Menschen persönlich verantwortet wird, vielmehr werden anonyme Strukturen für das verantwortlich gemacht, was den Tieren angetan wird bzw. was mit uns geschieht. Auch hier lässt sich leicht eine Verbindung zu Döblins Protagonisten finden: Diese Interpretation ist ursächlich für die Resignation Biberkopfs, der seinen Gegner – die Stadt und das moderne Leben – nicht identifizieren kann. Kann man aber seinen Gegner nicht erkennen, dann kann man auch nicht reagieren oder sich wehren. Fatalismus, Gleichgültigkeit, Frustration und Ohnmacht sind die Folge dieser Einsicht. So kalt und gefühllos, wie die Schlachter mit dem Vieh umgehen, so indifferent verhält sich auch die Stadt zu ihren Bewohnern. Diese sind ihr als Individuen letztlich völlig egal. Was im Schlachthof zählt, ist die Massenabfertigung, nur sie sichert den angestrebten Profit. Kein Wunder, dass Biberkopf zunehmend isoliert lebt und dadurch schicksalsergeben und vor allem egoistischer wird. Ein glückliches Leben kann so nicht gelebt werden, sein Dasein ähnelt eher dem eines unwissenden Stiers, der von seiner bevorstehenden Schlachtung nichts ahnt: Denn „[…] der Mensch hat nichts mehr denn das Vieh" (S. 146). Die Stadt zeigt sich als Ort der Gewalt, ein letztlich menschenfeindlicher Ort, den es eher zu fürchten als zu lieben gilt.

Keine persönliche Verantwortung der Menschen

Fatalismus

Stadt als Ort der Gewalt

Dennoch kommt eine solche Deutung seines Schicksals der Selbsteinschätzung Biberkopfs zu stark entgegen. Natürlich weiß auch Döblin, dass sich Tiere und Menschen in einem wesentlichen Punkt unterscheiden: Menschen sind Vernunftwesen, sie können dank ihres Verstandes eigenver-

Der Mensch als vernunftbegabtes Wesen

antwortliche, aus Reflexion abgeleitete Entscheidungen treffen. Sie sind – anders als Tiere – nicht dem fatalen Lauf der Dinge ausgesetzt. Insofern bezieht sich der parabelhafte Charakter der Schlachthof-Sequenz auf den gegenwärtigen Geisteszustand des tumb-naiven Biberkopfs, der sich „stark wie eine Kobraschlange“ (S. 130) fühlt und meint, nichts könne ihm etwas anhaben. In dieser Blindheit gleicht er dem Stier, den seine körperliche Kraft jedoch nicht vor der gnadenlosen Schlachtung bewahrt. Erst am Ende des Romans, nachdem Biberkopf seine eigene Blindheit und seinen Starrsinn eingesehen hat, nutzt er seine naturgegebene Vernunft und unterscheidet sich vom Tier, indem er sich nicht mehr rein passiv gegenüber seiner Umwelt verhält, sondern dieser aktiv entgegengeht und mit seinen Mitmenschen in Kontakt tritt: „Dem Mensch ist gegeben die Vernunft, die Ochsen bilden statt dessen eine Zunft.“ (S. 454)

Der Schlachthof ...
- ist ein Symbol für die Gewalttätigkeit und Gefühllosigkeit der Menschen.
- zeigt ungefiltert und detailliert brutale Massenvorgänge.
- verdeutlicht, dass der Einzelne in der Großstadt nicht zählt.
- versinnbildlicht den Glauben an die Unabänderlichkeit der Dinge.

Parallelgeschichten (S. 143 ff.)

Der Hiob-Mythos im Alten Testament

Unterbrochen wird die Schlachthof-Sequenz von der sogenannten Hiob-Paraphrase, die damit in der Mitte des vierten Buches steht. Bei Hiob handelt es sich um eine Figur aus dem Alten Testament. Er ist ein wohlhabender und gottesfürchtiger Landwirt, der zum Spielball einer auf den ersten Blick grotesken Wette zwischen den Mächten der Welt wird: Der gefallene Engel Satan wettet mit Gott, dass es ihm gelinge, Hiob so zu versuchen, dass dieser Gott ver-

Wette zwischen Satan und Gott

fluchen werde. Er will damit beweisen, dass Hiob nur deshalb ein gottesfürchtiger Mensch sei, da es ihm so gut gehe. Gott nimmt die Wette an, alle Söhne und Töchter Hiobs sterben, auch sein Vieh und seinen Reichtum verliert er. Hiob selbst wird von schmerzhaften Geschwüren heimgesucht. Da er trotz aller Zweifel und im Angesicht immer neuer „Hiobsbotschaften" seinen Glauben an die Gerechtigkeit Gottes beibehält, muss der Satan seine Niederlage eingestehen. Zum Dank macht Gott dem treuen Hiob eine neue Familie zum Geschenk und segnet ihn mit mehr Wohlstand als zuvor.

„Hiob fleht zu Gott"
(Gemälde von Léon Bonnat)

Unterschiede und Parallelen zwischen Hiob und Biberkopf

Der Hiob-Mythos wird im Laufe des Romans noch einige Male zitiert, sodass es wichtig erscheint, seine Funktion für die Biberkopf-Handlung zu erschließen. Auch wenn sich Hiob und Biberkopf von ihrem materiellen und familiären Hintergrund aus gesehen eher unterscheiden – Hiob ist bereits vor Beginn der Wette ein reicher, anständiger und mit einer großen Familie gesegneter Mann, während der moralisch verkommene Biberkopf am Rand der Existenz und ohne eigene Familie dahinvegetiert –, so fallen einem doch auch Gemeinsamkeiten zwischen beiden Figuren auf: Die wohl wichtigste Parallele zwischen den beiden Figuren dürfte die Art und Weise sein, wie sie auf die Bewährungsproben und Schicksalsschläge reagieren, denen sie ausgesetzt sind: Beide hadern mit Gott (Hiob) bzw. mit der Welt (Biberkopf), von denen sie sich ungerecht behandelt fühlen. Im Gespräch mit einer unbenannten Figur – es dürfte sich um die später auch mit Biberkopf dialogisierende Figur des Todes handeln – benennt Hiob den Grund für seine Weigerung, sich zu ändern und seine eigene Schuld einzugestehen: „,Ich habe keine Kraft, das ist es.'" (S. 145) Auf diese Weise werden beide Geschichten miteinander verzahnt, denn es kann bei Hiob anders als bei dem Totschläger und Kleinkriminellen Biberkopf ja nicht darum gehen, dass dieser seine Schuld eingesteht, Hiobs bisheriges Verhalten wird in der Bibel als vorbildlich beschrieben. Sein tiefer Fall kann nicht als gerechte Folge selbstverschuldeter Fehltritte gedeutet werden. Es geht vielmehr um die Reaktion und das Verhalten nach einem solchen Schlag: Erst als Hiob nicht mehr jammert und diskutiert, sondern stumm auf sein Gesicht fällt, findet er Erlösung: „An diesem Tag heilten seine ersten Geschwüre." (S. 146) Störrisch und vermeintlich stark zu sein, Widerstand zu leisten entpuppt sich mit Blick auf die Folgen als Fehler. Das gilt für Biberkopf noch weitaus mehr als für Hiob, denn anders als dieser ändert Döblins Protagonist seine ablehnende Grundeinstellung gegenüber seinen Mitmenschen und seinen „Widerwillen gegen die Welt" (S. 148) erst einmal nicht, von einem Eingestehen persönlicher Schuld und Verantwortung ganz zu schweigen. Anders als Hiob – und darin besteht Biberkopfs wohl bedeutendster Fehler – lässt er sich von dem erlittenen Rückschlag entmutigen, er will „nichts mehr sehen und hören von der Welt" (ebd.).

Parallelgeschichte vom Hausmeister Gerner

Abgeschlossen wird das Buch mit einer weiteren Parallelgeschichte, bei der die Gemeinsamkeiten überwiegen: Das Hausmeisterehepaar Gerner gerät in die Fänge einer Diebesbande und lässt sich – ganz ähnlich wie Biberkopf – von dem vermeintlichen Glanz des schnellen Geldes blenden. Der Hausmeister weigert sich angesichts des leicht verdienten Reichtums vehement, noch einmal in seinen alten kleinbürgerlichen Beruf als Polier zurückzukehren. Statt arm, aber ehrlich zu leben, entscheidet er sich für die kriminelle Karriere, welche die materiellen Grundlagen der Familie sichert: „‚Ich möchte ooch wieder Fettlebe machen und mir nicht die Zehen abfrieren.'" (S. 154) Am Ende kommt es, wie es kommen muss: Der Amateur-Verbrecher wird von den kriminellen Profis hereingelegt, die „Verbrecher, die gemeinen, die Erpresser, die sind weg, und mir haben sie mit dem Mist ringelegt" (S. 158). Damit sind die Parallelen zu Franz Biberkopf fast überdeutlich betont. Die Funktion der Parallelgeschichte ist offensichtlich: Biberkopfs weiterer Lebensweg scheint vorgezeichnet, denn die immer lauter werdenden Warnungen seines Begleiters, des Todes, schlägt er unbekümmert in den Wind: „‚Wer Franz Biberkopf ist. Der fürchtet sich vor nichts. Ich hab Fäuste. Sieh mal, was ich für Muskeln habe.'" (S. 162)

Warnungen des Todes

Fünftes Buch (S. 163 – 213)

Mit Blick auf die Gesamtstruktur des Romans schließen sich im fünften, für den weiteren Handlungsverlauf zentralen Buch die Wiederherstellung des Gleichgewichts sowie eine erneute Verstörung an die Erholung Biberkopfs an. In diesem Buch erhält Biberkopf den zweiten von drei angekündigten Schlägen, wobei der zweite Schlag in seiner Wucht und Gewalt deutlich ausgeprägter wirkt, als dies noch beim ersten, dem Betrug durch Lüders im dritten Buch, der Fall war. Da auch der dritte Schlag, so viel sei an dieser Stelle schon vorweggenommen, stärker als der zweite ausfällt, kann man feststellen, dass in dieser Progression eine vom Autor beabsichtigte Struktur liegen muss. In der Forschung spricht man vom Prinzip der progressiven Wiederholung.

Die Schläge: Prinzip der progressiven Wiederholung

Bauarbeiten am Alexanderplatz: die Dampframme (S. 165–169)

Biberkopfs mentale und körperliche Wiederherstellung

Am Anfang des Buches begegnet dem Leser ein auf den ersten Blick mental wie körperlich wiederhergestellter Biberkopf. Dass dies jedoch nur oberflächlich gesehen zutrifft, wird dem Leser bereits in der Vorrede des Buches verraten, denn aus den vergangenen Geschehnissen hat Biberkopf „nichts zugelernt und nichts erkannt" (S. 163). Gegen den Sog des Verbrechens, in den er hineingezogen wird, kann er dann trotz allen Bemühens nichts ausrichten, „er muß müssen" (ebd.). Erneut zitiert Döblin G. E. Lessing, in dessen Drama „Nathan der Weise" die Freiheit des aufgeklärten Menschen propagiert wird, der keinen gesellschaftlichen und systemischen Zwängen – sozialwissenschaftlich spricht man von systemtischen Imperativen (Befehlen) – unterworfen sei. Für Biberkopf gilt das jedoch nicht. Dieser treibt sich am Alexanderplatz herum und geht seinem Job als Zeitungsverkäufer nach. Dabei wird sein Handeln permanent vom Wummen einer sogenannten Dampframme übertönt, mit der die Bauarbeiten am Alexanderplatz vorangetrieben werden.

Dampframme

Bauarbeiten in Berlin: die Stadt in Bewegung

Symbolik der Dampframme

Bei einer Ramme, der im Kontext des Romans eine symbolische Bedeutung zukommt, handelt es sich um eine in diesem Fall mit Dampf angetriebene Maschine oder ein Werkzeug, mit dessen Hilfe man Gegenstände verformen, bewegen oder zerstören kann, indem man die Ramme mit dem Gegenstand zusammenstoßen lässt. Die Bauarbeiter am Alexanderplatz nutzen die Ramme, um Straßenbahnschienen zu verformen und in den Boden zu rammen. Die Kraft und Leichtigkeit, mit denen die Dampframme funktioniert, sorgen für Bewunderung aufseiten der Städter, die staunen, „wie die Ramme haut" (S. 165). Von besonderer Bedeutung ist dabei die Art und Weise, wie Döblin die Geräusche der städtischen Bauarbeiten und das städtische Geschehen zum Klingen bringt. Die häufigen Lautmalereien erzeugen den Eindruck plötzlicher Unmittelbarkeit, die Atmosphäre wird verdichtet, die Stadt zu einem sinnlichen Erlebnis. Alle Zuschauer „freuen sich, wie das geschmiert geht: ratz kriegt die Stange eins auf den Kopf. Nachher ist sie klein wie eine Fingerspitze, dann kriegt sie aber immer noch eins, da kann sie machen, was sie will. Zuletzt ist sie weg, Donnerwetter, die haben sie fein eingepökelt, man zieht befriedigt ab" (ebd.). „Rumm rumm ratscht die Ramme nieder, ich schlage alles, noch eine Schiene. Es surrt über den Platz vom Präsidium her, da nieten sie, da schmeißt eine Zementmaschine ihre Ladung um." (S. 169) Es sind die Gegenstände selbst, die lebendig werden, die Ramme („ich schlage alles", ebd.) kommentiert ihr eigenes Tun, die Zementmaschine selbst schmeißt ihre Ladung um, nicht der sie bedienende Arbeiter. Damit gewinnen die mechanischen Dinge Gewalt über die Menschen. Hier liegt eine Umkehrung der normalen Abläufe vor: Üblicherweise werden Werkzeuge erfunden, um den Menschen bei ihrer Arbeit zu dienen, sie machen sich nützlich. Das ist hier nicht mehr der Fall, die Dinge selbst dienen nur noch sich selbst. Es liegt eine Situation der Entfremdung vor: Während die Dinge lebendig werden, erscheinen die Menschen seltsam passiv und rein funktional: „Scharf ist der Schupo auf Taille gearbeitet." (S. 168) Der Verkehrspolizist wird nicht mehr als menschliches Individuum, sondern als blo-

Lautmalereien und Wortspiele

Gewalt über den Menschen

Entfremdung des Menschen

Entindividualisierung

ßes „Exemplar" beschrieben. Nur seine Funktion für das Ganze ist von Bedeutung, sein „Schicksal" aufzuschreiben „ist schwer möglich" (ebd.) und auch nicht von Interesse. Dass die Stadt mehr ist als bloße Kulisse für die handelnden Menschen, wird vor allem durch die bereits zitierten Lautmalereien deutlich. Die akustischen und optischen Reize dominieren die Menschen und lassen ihnen kaum Raum zur eigenen Entfaltung. Neben den Sprachspielen („Ruller ruller fahren die Elektrischen", S. 165) und dem Witz erfolgt eine Intensivierung v.a. durch das Wortfeld „schlagen", mit dem das hektische Geschehen im Zentrum der Stadt beschrieben wird. Es dominieren Verben wie „schlagen", „zerschlagen", „rammen", „ratschen", „schmeißen". Entscheidend ist dabei, dass häufig nicht die Menschen diese Tätigkeiten ausüben, sondern die Dinge selbst. Die Stadt wird damit zum Ort aggressiver Gewalt und Zerstörung, der Mensch zu ihrem Opfer. Es scheint, als dienten die Abrissarbeiten nicht dem Aufbau neuer, für den Menschen attraktiver Wohnobjekte, sondern dem Vergnügen des lebendigen „Organismus Stadt". Dabei lässt die Wortwahl angesichts der lautmalerischen Wortspiele den Leser keineswegs nur schmunzeln, sie erinnert an mehreren Stellen nämlich auch an die vorangegangene Beschreibung der Tötungsvorgänge im Berliner Großschlachthof: Von einer Stange heißt es, sie sei „fein eingepökelt" (S. 165), ein Kaufhaus wird abgerissen und „ausgeweidet" (S. 167). Die Gemeinsamkeiten in Motivik und Wortwahl finden hier noch kein Ende, denn auch der Vorgang der Schlachtung des Stiers und das Bearbeiten der Schienen durch die Ramme ähneln sich in auffälliger Weise: „Da steht der aber hinter ihm [dem Stier, Anmerkung des Autors, T.S.), der Schlächter, mit dem aufgehobenen Hammer. Blick dich nicht um. Der Hammer, von dem starken Mann mit beiden Fäusten aufgehoben, ist hinter ihm, über ihm und dann: wumm herunter." (S. 141) Auch das passiv-

Wortfeldanalyse: „schlagen"

Parallelisierung von Schlachthof-Sequenz und Bauarbeiten

einwilligende Verhalten des Stiers ähnelt der Ausweglosigkeit des Materials, das die Dampframme bearbeitet. Eine solch offensichtliche Parallelisierung kann kein Zufall sein. Sie kann als Vorausdeutung auf das verstanden werden, was Biberkopf bevorsteht: So wie die Stange und das Vieh ihrem Schicksal nicht entkommen können, so wird auch die ahnungslose Hauptfigur ähnlich brutal und rücksichtslos behandelt werden. So erklärt sich der zunehmende Fatalismus Biberkopfs, der meint, unschuldiges Opfer anonym wirkender Kräfte zu sein. Auf den ersten Blick scheinen die hier erzählten Vorgänge ihm recht zu geben. Doch auf den zweiten Blick, mehrfach durch den Erzähler betont, werden Alternativen offensichtlich: So wie der Mensch zum Herrn der Dampframme werden kann, indem er den Ausschaltknopf drückt, so könnte auch Biberkopf wieder Autonomie über sein Leben gewinnen. Voraussetzung hierfür sind allerdings die Reflexion und v. a. das Eingeständnis persönlicher Schuld. Von einem solchen Schritt ist Biberkopf in seinem jetzigen Entwicklungsstadium jedoch (noch) weit entfernt.

Leben: handeln oder erdulden?

Biberkopf trifft Reinhold und die Pums-Bande (S. 172 ff.)

Die folgenden Kapitel beschreiben, wie der erneut vor Kraft strotzende Biberkopf über seinen Bekannten Meck eine Figur namens Pums kennenlernt, der angeblich mit Obst handelt, in Wirklichkeit jedoch kriminelle Machenschaften betreibt und Biberkopf als Mitglied gewinnen will. Als Chef einer professionellen Diebesbande organisiert er die Einbrüche seiner Truppe. Der naive Biberkopf durchschaut die letztlich offensichtlichen Hintergründe jedoch nicht, er „wurde aus der Sache nicht klug“ (S. 178). Er bleibt trotzdem weiterhin in diesem zwielichtigen Milieu und lernt Reinhold kennen, eine zentrale Figur, die dämonische Züge trägt und die die tragischen Ereignisse Biberkopfs vor-

Pums-Bande will Biberkopf als Mitglied gewinnen

Warnungen des „Schnitters Tod"

Frauentausch mit Reinhold

Moralische Skrupel Biberkopfs

antreibt. Dass der zu Beginn stotternde Reinhold, auf den ersten Blick eine unscheinbare, jämmerliche Gestalt, zu seinem Gegenspieler wird, kann Biberkopf anfangs noch nicht wissen, denn er hört auf die Warnungen des „Schnitters, der heißt Tod" (S. 184) nicht. Auf dieses zentrale Motiv soll später ausführlicher eingegangen werden, da die Rolle des Todes im Zuge der Handlung wichtiger wird und am Ende entscheidend für den Romanausgang ist. In jedem Fall fühlt sich Biberkopf zum undurchdringlichen, geheimnisvollen Reinhold hingezogen. Dies liegt in erster Linie daran, dass dieser immensen Erfolg bei Frauen hat, was dem triebgesteuerten Biberkopf imponiert. So ist es für Biberkopf eine Ehre, als Reinhold ihn eines Abends in der Kneipe darum bittet, ihm eine Frau „abzunehmen", die ihm zur Belastung geworden ist: „Dir tu ich den Gefallen, auf mir kannste dich verlassen, Reinhold [...]!" (S. 178) Kein Wunder, dass der weiterhin von ausgeprägter Renommiersucht geprägte Franz seinem Reinhold nun mit „Bewunderung und mit Vergnügen" (S. 182) begegnet. Es bleibt jedoch nicht bei diesem Einzelfall, der Frauentausch wird zur Regel. In immer schnelleren Abständen „entsorgt" Reinhold die ihm zu anhänglich gewordenen Frauen bei Franz und belohnt diesen für seinen Freundschaftsdienst, mal mit neuen Stiefeln, mal mit einem Pelzkragen. Auf diese Weise wird Franz auch seine neue Freundin Cilly „vermittelt", was zu einem Umdenken führt. Nun will er „plötzlich nicht mehr, er will was andres", da ihm das Vorgehen unmoralisch erscheint. Dies teilt er Reinhold auch deutlich mit: „Die Sache geht nicht, ich mache nicht mit, der ruiniert Menschen, das mach ich nicht mit. Es muß was geschehen." (S. 187) Erstmals hat es den Eindruck, als ob Biberkopf eigenständig denkt und sein anfängliches Vorhaben, ein anständiger Mensch zu bleiben, in die Tat umsetzen kann. Also warnt er Reinholds neue Freundinnen, die sich wohl prostituieren sollen, vor diesem. Reinhold erhält davon Kenntnis und reagiert hasserfüllt und aggressiv.

Reinhold hasst Biberkopf

Es folgt ein erneuter Versuch Pums', Biberkopf für seine kriminellen Geschäfte zu gewinnen, allerdings ohne dass diesem der Charakter der Geschäfte klar wird. Er glaubt, als Ersatzmann für einen anstehenden Obsthandel einspringen zu müssen. Das scheinbar leicht verdiente Geld lockt, doch Biberkopf zögert: „Was mach ick?'" (S. 206) Erst als er erfährt, dass auch der bewunderte Reinhold mit von der Partie sein wird, erklärt er sich einverstanden. Aus dem vermeintlichen Obstgeschäft wird bitterer Ernst, doch zu spät realisiert der ahnungslose und naive Biberkopf, dass es sich in Wirklichkeit um einen geplanten Raubzug handelt, bei dem er „Schmiere stehen" (S. 209) soll: „Wat steh ich hier? Die haben mir richtig reingelegt. Der Hund hat mir gehauen. Die klauen hinten, wer weiß, was die klauen, das sind doch keene Obsthändler, das sind Einbrecher." (ebd.) Die Möglichkeit wegzulaufen nimmt er nicht wahr, da er sich der Situation ausgeliefert hat und sich wehrlos fühlt: „Er wollte, er mochte, aber es ging nicht, es ließ ihn nicht los. Die Welt ist von Eisen, man kann nichts machen, sie kommt wie eine Walze an, auf einen zu, da ist nichts zu machen, da kommt sie, da läuft sie, da sitzen sie drin, das ist ein Tank, Teufel mit Hörnern und glühenden Augen drin, sie zerfleischen einen, sie sitzen da, mit ihren Ketten und Zähnen zerreißen sie einen. Und das läuft, und da kann keiner ausweichen." (S. 210) Wieder kommt das Motiv der Unabänderlichkeit der Geschichte, des Schicksals, zum Vorschein. So wie die Tiere im Schlachthof ihrem Tod fatalistisch-ergeben entgegensehen und die Dampframme die Dinge gewaltsam bearbeitet, so hat auch Biberkopf – so zumindest seine Selbstwahrnehmung – keine Handlungsalternativen; die Geschichte erscheint determiniert (vorherbestimmt). Er muss mitmachen. Mehrere Schläge auf seinen Arm machen zudem eine Flucht unmöglich. Als Biberkopf auf der

Biberkopf geht in die Falle: Raubzug

Glaube an die Unabänderlichkeit der Dinge

Motiv des Schicksals

Reinholds wahres Gesicht: „Dämon"

Flucht mit Reinhold gemeinsam im Auto sitzt und in eine Verfolgungsjagd gerät, zeigt Reinhold sein zweites, wahres Gesicht. Dieser Reinhold ist Biberkopf nicht unterlegen, er stottert nicht, ist „grausig stark" (S. 212) und gibt die Befehle aus. Hasserfüllt über das unsolidarische Verhalten Biberkopfs fühlt sich Reinhold zudem an dessen arrogante Erziehungsversuche erinnert. Er meint, Biberkopf habe die Bande verraten, schlägt ihn zusammen, öffnet bei voller Fahrt die Autotür und wirft Biberkopf auf die Straße: „Das Verfolgerauto braust über den Menschen." (ebd.) Dies ist der zweite von drei Schlägen, die Biberkopf im Laufe des Romangeschehens erleidet, und seine Folgen sind für die weitere Handlung von enormer Bedeutung. Bis zu diesem Vorfall im fünften Buch ist Biberkopf aller Naivität und Renommiersucht zum Trotz seinem Vorhaben, nach seinem Gefängnisaufenthalt ein anständiger Mensch zu bleiben, im Großen und Ganzen treu geblieben. Die Reaktion Biberkopfs im sechsten Buch wird zeigen, dass es mit diesem Glauben an ein gutes Ende – an eine rechtschaffene und bürgerliche, sozial integrierte Zukunft – vorbei ist. Die Begegnung mit Reinhold und das tragische Geschehen beim Raubzug, das zur Amputation eines Armes führt, ändern alles. Sie bilden den Höhe- und Wendepunkt des Romans. Das Schicksal, das keines ist, nimmt seinen Lauf, die Würfel, die über Biberkopfs Zukunft entscheiden, sind gefallen.

Biberkopf verunglückt auf der Flucht schwer – zweiter Schlag

Höhe- und Wendepunkt

Sechstes Buch (S. 215 – 300)

Biberkopf nach dem Unfall

Im sechsten Buch erfährt der Leser anfangs, wie es mit Biberkopf nach seinem schlimmen Unfall weitergeht: Während Reinhold davon ausgeht, dass Franz den Sturz aus dem fahrenden Auto und das anschließende Überrolltwerden durch die Verfolger nicht überlebt hat, bleibt Biberkopf am Leben. Sein alter Freund Herbert Wischow und dessen schöne Freundin Eva kümmern sich um den Verletzten und liefern ihn in eine Klinik in Magdeburg ein, wo Biberkopf operiert und sein rechter Arm amputiert wird. Wenn auch seine Knochen vielfach gebrochen sind, sein Überlebenswille ist es nicht: „[…] ich geh nicht kaputt." (S. 223) Nach einem 14-tägigen Klinikaufenthalt kehrt Biberkopf wieder nach Berlin zurück, sein Überlebenstrieb ist ausgeprägt wie eh und je: „Ich habe etwas zu tun, es wird etwas geschehen, ich rücke nicht aus, ich bin Franz Biberkopf." (S. 224) Doch auch dieser zweite schwere (Schicksals-)Schlag führt nicht zu einer Umkehr, Biberkopf nimmt sich auch nicht die Zeit, über seine bisherige Überlebensstrategie im Dschungel der Großstadt nachzudenken. Hat der Leser die Warnungen des Schnitters Tod vor einem bloßen, unreflektierten „Weiter so!" noch in den Ohren, ändert der Unfall für Döblins Protagonisten gar nichts. Biberkopf strahlt dieselbe bedenkenlose Sicherheit, Arroganz und Überheblichkeit aus, die ihn auch schon vorher auszeichnete. Nach eigenem Fehlverhalten fragt er nicht, weder im Krankenbett, wo er genügend Zeit dafür hatte, noch nach seiner Rückkehr in Berlin. Für ihn ist es das Wichtigste, wieder auf die Beine zu kommen.

Krankenhaus

Überheblichkeit

Keine Ursachenanalyse

Auch das Interesse seiner Freunde am Unfallhergang beachtet er nicht und verrät erst nach einer Weile, dass er ohne eigenes Verschulden auf die schiefe Bahn geraten sei. Dass es Reinhold war, der ihn aus dem fahrenden Fluchtfahrzeug geworfen hat, verschweigt er: „[…] nichts ist aus ihm rauszuholen" (S. 228). Wie sich noch zeigen wird, handelt es sich hierbei um einen schweren Fehler Biberkopfs, denn anstatt den Menschen, die ihm in der Not beistanden, zu vertrauen, igelt er sich ein und weigert sich, mehr als nur das Notwendigste mitzuteilen.

Desinteresse an Mitmenschen

Doch auch die Pums-Bande hat ein lebhaftes Interesse an Biberkopf. Während Reinhold vorschlägt, den vermeintlichen Verräter zu töten („Den Kerl muß man ganz totschla-

Pums-Bande will Biberkopf Schweigegeld zahlen

gen", S. 232), einigt sich der große Rest der Bande darauf, das Unfallopfer mit einer größeren Geldsumme ruhigzustellen. Offensichtlich befürchten sie die Rache Biberkopfs, der auch zur Polizei gehen und die Bande ans Messer liefern könnte.

Der neue Biberkopf ist der alte

Nicht einmal ein vermeintlicher Mordanschlag, der sich als Resultat eines Missverständnisses entpuppt, sorgt dafür, dass Biberkopf sich seinen Freunden anvertraut. Die „alte Kobraschlange" (S. 237) flieht nach Oranienburg. Als er sich voller Mut zurück in die Stadt wagt, ist „etwas Neues, Wütendes in ihm" (S. 240), mit dem er Berlin erneut erobern will. Seine guten Vorsätze, die er nach seiner Entlassung aus dem Gefängnis formulierte, stören dabei jedoch nur. Anständig zu sein lohnt nicht, das meint Franz gelernt zu haben. Wer einem bürgerlichen Beruf nachgehen und sich in die Gesellschaft integrieren will, wird nur enttäuscht.

Weigerung, zu arbeiten

So wird sein Rat gegenüber Emmi, einer zufälligen Bekanntschaft, verständlich: „‚Bloß nicht arbeiten. Schlag dir das ausm Kopp mitm Arbeiten. Vons Arbeiten kriegst du Schwielen an die Hände, aber keen Geld. Höchstens noch ein Loch in Kopf. Vons Arbeiten is noch keen Mensch reich geworden, sag ich dir. Nur vom Schwindeln. Siehste ja.'" (S. 245) Ausgehend von der banalen Einsicht „Geld braucht der Mensch" (S. 253), ist der Weg in die Kriminalität nicht mehr weit. Der auch optisch verwandelte Biberkopf – er besorgt sich eine neue Identität, trägt einen eleganten An-

Eine neue Liebe: Mieze

zug, Hut und Handschuhe – lernt durch die Vermittlung Evas ein Mädchen mit Namen Emilie Parsunke kennen, die er aber Mieze ruft. „Von diesem Mädchen […] ist Franz auf den ersten Blick entzückt." (S. 256) Wie sich sehr schnell herausstellt, ist Mieze für Biberkopf ein Glücksfall. Das von ihrer Mutter verstoßene Mädchen aus der Provinz verliebt sich aufrichtig in Franz Biberkopf und arbeitet für ihren Ge-

Beruf: Zuhälter

liebten als Prostituierte. Nur anfangs hat Biberkopf, der die Liebe Miezes erwidert, damit Probleme. Sehr schnell wird ihm die Bequemlichkeit der Situation klar und er wird zu ihrem „Luden" (Zuhälter). Materiell, aber auch mental geht es Biberkopf bald besser als je zuvor: „Welch sattes Geschöpf ist er jetzt, dem nichts fehlt, nichts am Essen, Trinken, nichts an der Kleidung. Ein Mädel hat er, das ihn glücklich macht, Geld hat er, mehr als er verbraucht, seine [...] Freunde, sie meinen es gut mit ihm." (S. 264) Dennoch warnt ihn der Tod – der Dialog mit Biberkopf findet wohl in dessen Innerem statt – davor, dass er im Zuchthaus mit einem Messer im Bauch ende. Fatalistisch antwortet der vom Geld geblendete Biberkopf: „Soll er machen. Vorher hat er meins probiert." (S. 265)

Franz Biberkopf und die Politik (S. 264–275)

Besuch politischer Versammlungen

Weil seine Hehlergeschäfte nicht mehr so gut laufen, besucht Biberkopf nun öfter politische Versammlungen. Beispielsweise wird er auf einer Versammlung von Anarchisten, die grundsätzlich gegen jede Form staatlicher Ordnung sind, in eine heiße Diskussion verwickelt. Auch die organisierte Arbeiterschaft, die gegen ihre Unterdrückung durch die Unternehmerschaft kämpft, wird von Biberkopf aufgesucht. Da Biberkopf selbst dem sogenannten Proletariat nähersteht als der besitzenden Klasse, könnte man annehmen, dass er mit den politischen Ideen der Sozialisten sympathisiere, doch überraschenderweise ist dies nicht der Fall. Döblin spielt mit dieser Sequenz auf die politische Öffentlichkeit der Weimarer Republik Mitte der Zwanzigerjahre des 20. Jahrhunderts an. Die erste deutsche Demokratie litt darunter, dass sich die politischen Parteien radikalisierten; insbesondere an den politischen Rändern der Konservativen (Ziel: Rückkehr zur Monarchie/Führerdiktatur) und der organisierten Linken (Ziel: sozialistische Gesellschaftsform/Diktatur der Arbeiterklasse) polarisierte sich die Stimmung. Nur der bewaffnete und gemeinsame Kampf schien eine adäquate Lösung zu sein.

Biberkopf lässt sich nicht von den Parteien „einspannen"

Doch Biberkopf erkennt das Werben um seine Person und lehnt ab: „,Ich pfeife überhaupt auf das ganze Gemeckere, auf deine Streiks und auf deine Männekens, die kommen sollen. Selbst ist der Mann. Ich mache allein, wat ich brauche. Ick bin Selbstversorger!'" (S. 272) Wieder einmal lässt er eine Gelegenheit verstreichen, sich mit seinen Mitmenschen zusammenzutun. Die Stärke, die aus der Gemeinschaft entstehen könnte, sieht er nicht. Er misstraut ihr und vertraut in altbekannter Hybris (Überheblichkeit) nur sich selbst. Es ist nicht die erste Warnung, die er – dieses Mal nicht vom Schnitter Tod – ausgesprochen bekommt: „,Du bist vernagelt. Da wirste dir den Kopp einrennen. Du kennst nicht die Hauptsache beim Proletariat: Solidarität. Det kennste nicht.'" (ebd.) Auch seine echten Freunde, Eva und Herbert, sehen die Fehler Biberkopfs und machen ihn auf diese aufmerksam, doch es nützt nichts: „,Solange ich den Jungen kenne, ist er gut und lieb gewesen, aber auf den kannste einreden wie auf ne Wand, er hört nicht.'" (S. 274)

Biberkopf vertraut nur sich selbst (Hybris)

Kritik an Döblin von der marxistischen Literaturwissenschaft

Die in diesem Buch durchaus breiteren Raum einnehmenden politischen Diskussionen mit dem beschriebenen Ergebnis, dass Biberkopf sich als politisch indifferenter, gleichgültiger Bürger erweist, haben in der marxistisch orientierten Literaturwissenschaft dazu geführt, dass Alfred Döblin als Verräter an den Interessen der Arbeiterschaft kritisiert wurde. Für die marxistisch ausgerichtete Literaturwissenschaft wäre es nämlich ein Leichtes gewesen, das Schicksal des Protagonisten als Folge gesellschaftlich falscher Strukturen zu deuten. Demnach sei Biberkopfs Fehler nicht persönlich zu verantworten, sondern vom Großkapital intendiert. Weil die Gesellschaft ungerecht strukturiert sei, bekäme Biberkopf keinen Boden unter die Füße und könne eine bürgerliche Karriere gar nicht realisieren. Doch durch die Sätze, die Döblin seinem Protagonisten in den Mund legt, wird eine solche Deutung unmöglich. Kein

Wunder, dass Döblin dies von der politischen Linken übel genommen und als Verrat verstanden wurde, während er aus dem rechtsgerichteten Kreisen für seine Distanzierung von der bewunderten klassischen Literatur kritisiert wurde.

Franz kehrt zu Reinhold zurück (S. 292 ff.)

Nachdem Franz gemerkt hat, dass die organisierte Politik nichts für ihn ist, stellt sich sehr schnell wieder die altbekannte Langeweile ein. Er weiß nichts mit sich anzufangen und verlottert zusehends, der Alkoholkonsum nimmt ebenso rasant zu wie seine Wehleidigkeit: „‚Mir haben sie zum Krüppel gemacht, [...], ick bin zu nischt gut.'" (S. 289) Und so ist es kein Zufall, dass die Hure Babylon ins Spiel kommt. Sie dominiert als Leitmotiv das Geschehen vor allem ab dem Moment, in dem Biberkopf nach dem verheerenden zweiten Schlag im fünften Buch dauerhaft auf die schiefe Bahn gerät und seinen guten Vorsatz, ein anständiger Mensch zu werden, desillusioniert aufgibt. Besagte Hure Babylon entstammt der biblischen Schrift der Offenbarung des Johannes, in der die Apokalypse – das Ende aller Zeit – in visionären, brutalen und exzessiven Bildern beschrieben wird. Die Hure Babylon – in der Malerei und Dichtung des Expressionismus ein bekanntes Motiv – verkörpert die Versuchung und ist Sinnbild alles Bösen: „Es ist ein Weib, bekleidet mit Purpur und Scharlach und übergüldet mit edlen Steinen und Perlen und hat einen goldenen Becher auf der Hand. Sie lacht. An ihrer Stirn steht ihr Name geschrieben, ein Geheimnis, die große Babylon, die Mutter der Hurerei und aller Greuel auf Erden." (S. 253) Die konkrete Gefahr, die von dieser Figur ausgeht, besteht in ihrer Verführungskraft. In der orientierungslosen Situation, in der sich Franz gerade befindet, ist es nur logisch, dass er den Lockungen der Hure Babylon erliegt, schließlich bietet die Großstadt Berlin genügend Ablenkungsmöglichkeiten. Je tiefer Biberkopf von nun an in das krimi-

Leitmotiv: „Hure Babylon"

Verführung zum Bösen

Verführungskraft

nelle Milieu der Stadt gerät und maßlos seiner Vergnügungssucht frönt, desto häufiger tritt die Hure Babylon auf. Damit wird dem Leser anschaulich vor Augen geführt, dass der von Biberkopf eingeschlagene Weg ein falscher ist. Insbesondere zum Ende des Romans wird dieser fatale Entschluss Biberkopfs, sich den Versuchungen der Stadt hinzugeben, klarer, da hier der Schnitter Tod auftritt, der sich als Gegenspieler der Hure Babylon entpuppt und Biberkopf sein Fehlverhalten vorhält. Das Auftreten der Hure Babylon lässt es nur folgerichtig erscheinen, dass Biberkopf plötzlich die Nähe Reinholds sucht. Ein auf den ersten Blick absurder Entschluss, schließlich verdankt er diesem seine Körperbehinderung. Auch Reinhold selbst ist über das Auftauchen Biberkopfs überrascht und vermutet, dieser wolle ihm an den Kragen. Doch sehr schnell bemerkt Reinhold „ein Zittern in Franz" (S. 294), seine Angst vor dessen Rache legt sich sofort und er empfindet „Wonne" (ebd.). Auch eine Entschuldigung kommt ihm nicht über die Lippen, stattdessen erniedrigt er den nervösen Biberkopf: „‚Ick kann Krüppel nich leiden, Krüppel ist vor mir ein Mensch, der zu nischt taugt. Wenn ick nen Krüppel sehe, sag ich: denn mal lieber ganz weg damit.'" (S. 296) Das unmenschliche Verhalten des von ihm früher bewunderten Reinholds müsste für Franz Anlass genug sein, die Verbindung zu beenden, doch unverständlicherweise bleibt er ruhig und begeht erneut einen folgenschweren Fehler: Vermutlich um Reinhold zu imponieren, erzählt er diesem von dem Einzigen, was ihm wirklich etwas bedeutet, von Mieze. Für den rachsüchtigen und abgrundtief bösen Ganoven Reinhold eine willkommene Gelegenheit, Biberkopf den Rest zu geben: „Das ist schön, die nehme ick ihm weg und dann schmeiß ick ihn ganz und gar in den Dreck." (S. 298) Damit deutet sich schon der dritte und schwerste Schlag an, den Biberkopf im folgenden Buch erhalten und der ihn endgültig zerstören wird: die Ermordung Miezes durch Reinhold.

Gegenspieler der Hure Babylon: „Schnitter Tod"

Biberkopf sucht Kontakt mit Reinhold

Demütigung durch Reinhold

Biberkopf prahlt vor Reinhold mit Mieze

Das seltsame und für den Leser unverständliche Schwanken Biberkopfs zwischen der ihm wohlgesonnenen und ihn liebenden Mieze und dem ihn hassenden, zerstörenden Reinhold erklärt sich mit Blick auf Döblins Vorstellung von der Welt. In einer seiner zahlreichen philosophischen Schriften legt er den Dualismus der Welt offen: Diese sei durch die beiden Grundprinzipien des Aufbaus und des Verfalls, der Ordnung und der Auflösung strukturiert. Das Handeln der Menschen pendele, so Döblin, immer zwischen diesen beiden Polen. Mal befinde sich das Individuum mehr auf der einen, dann wieder mehr auf der anderen Seite. In jedem Fall werde es schuldig. Übertragen auf die Handlungsebene des Romans „Berlin Alexanderplatz" lässt sich die Figur Mieze dem Strukturprinzip des Aufbaus und der Ordnung zuordnen, während Reinhold für den Verfall und die Auflösung eben dieser Ordnung steht. Tatsächlich ist sogar davon die Rede, dass Franz Reinhold wie Mieze zugetan ist: „Und am innigsten liebt er [...] zwei: die eine ist seine Mieze, die er gern da hätte, der andere ist – Reinhold." (S. 299) Leider, so hat es zumindest am Ende des sechsten Buches den Anschein, gelingt Biberkopf die Herstellung eines gesunden Gleichgewichtes nicht, da er sich nun in den Einflussbereich Reinholds begibt.

Dualismus der Welt als Ordnungsprinzip

Kein inneres Gleichgewicht

Siebtes Buch (S. 301 – 354)

Franz wird Mitglied der Pums-Bande (S. 310 ff.)

Zu Beginn des siebten Buches stellen sich die Mitglieder der Pums-Bande die gleiche Frage wie der Leser: „‚Wat will er bei uns?'" (S. 310) Für die Kriminellen ist es völlig unverständlich, warum Biberkopf nach seiner persönlichen Tragödie – dem Verlust seines Armes aufgrund des fehlgeschlagenen Raubzugs – immer noch die Nähe der Bande sucht. Nachdem sehr schnell deutlich wird, dass Biberkopf – anders als gemeinhin befürchtet – nicht auf Rache aus

Biberkopf will Mitglied der Pums-Bande werden

ist, halten die Verbrecher ihn bloß für „een Hornochse" (S. 311), der sich unangemessen und dumm verhält. Auch Eva und Herbert sehen das so und bitten Mieze, gut auf Biberkopf aufzupassen: „‚Den nich aus die Oogen lassen, den Franz.'" (S. 310) Angesichts der Ankündigung Reinholds, Franz zu vernichten, ein sicher sinnvoller Plan. Doch auch die Franz nun häufig heimlich beobachtende Mieze kann nicht verhindern, dass dieser wider alle Vernunft die Mitglieder der Pums-Bande überreden kann, selbst ein Mitglied zu werden. Die Entschuldigung des Erzählers („Er wird in Verbrechen hineingerissen, er will nicht, er wehrt sich, es geht über ihn, er muß müssen.", S. 314) erscheint deshalb an dieser Stelle schwer nachvollziehbar und ist wohl ironisch zu verstehen. Gleich der erste Einbruch, bei dem Biberkopf Schmiere stehen muss, wird zum Erfolg. Stolz gibt er gegenüber Mieze, die bisher ihren Lebensunterhalt durch Prostitution verdienen musste, an und schenkt ihr „schönes Geld" (S. 320). Mieze ist von dem Geld jedoch alles andere als geblendet und wird misstrauisch. Gleiches gilt für Reinhold, der sich von dem vor Selbstvertrauen nur so strotzenden Franz hat aus der Ruhe bringen lassen. Um die Gründe für den überraschenden Zustand Biberkopfs herauszufinden, sucht er Mieze auf und informiert sie darüber, dass er mit Franz „‚immer Weiber ausgetauscht'" (S. 328) habe. Die nichts ahnende Mieze reagiert verstört auf diese für sie neue Information. Reinhold hat hingegen angesichts der Attraktivität Miezes Blut geleckt: „die werden wir bald haben, wie kneif ich der erst ins Bein" (ebd.). So gewinnt der Leser schon hier den Eindruck, dass Reinhold mit Mieze noch einiges vorhat.

Sorge Miezes

Franz gibt mit Geld an

Reinhold will Mieze

Ein katastrophales Treffen: Reinhold bei Franz und Mieze (S. 330–337)

Theateraufführung des Maxim Gorki Theaters, Berlin 1999

Altbekannter Fehler: Franz gibt mit Mieze an

Doch daran ist nicht allein die Bösartigkeit Reinholds schuld. Denn der wieder an sich glaubende Biberkopf, der nichts von dem ersten Treffen Reinholds mit Mieze weiß, lädt diesen in seine Wohnung ein, um ihm Mieze vorzuführen, deren Wert er zu schätzen weiß: „‚[…] die ist vom Kopf bis zur Hacke ein Herz […]. Die kennt nur Lieben und Gernhaben und weiter nischt.'" (S. 331) Erneut ist es also die schon bekannte Renommiersucht Biberkopfs, die – wie wir gleich sehen werden – böse Folgen mit sich bringen wird, denn Reinhold hat die Bedeutung Miezes für Biberkopf längst erkannt und sieht für sich die Gelegenheit zur Rache gekommen. Dankbar nimmt Reinhold Biberkopfs Einladung an, dieser will ihm Mieze heimlich vorführen. Dafür soll sich Reinhold im Bett verstecken und bei passender Gelegenheit einen Blick auf Mieze werfen dürfen. Reinhold, der Mieze ja bereits kennengelernt hat, spielt das Spiel dennoch mit und lässt Franz im Unklaren. Das Unglück nimmt seinen Lauf: Ausgerechnet in dieser Situation eröffnet Mieze Franz, dass sie sich in einen anderen Mann, einen „Freier", verliebt habe. Für Biberkopf ist die Enttäuschung eine doppelte: Zum einen liebt er Mieze aufrichtig, zum anderen wirkt die Offenbarung Miezes in diesem Moment wie eine Erniedrigung, schließlich weiß er, dass Reinhold die ganze Szenerie beobachtet. So ist es nur logisch, dass Franz in sein altes Verhaltensmuster zurückfällt, das ihn einst ins Gefängnis gebracht hat. In einem Wutanfall verprügelt er Mieze derart stark, dass Reinhold sich genötigt sieht, sein Versteck zu verlassen und Franz von weiteren Schlägen abzuhalten: „‚Mensch, erstickst ihr ja.'" (S. 336) Mieze ist übel zugerichtet, da „sitzt sie mit gerissener Bluse, das eine Auge zu, Blut aus der Nase und verschmiert die linke Backe und das Kinn" (S. 335). Umso mehr überrascht es den Leser, dass sie sich noch am gleichen Abend mit Franz versöhnt und diesem verzeiht. Auch ihrer neuen Liebe entsagt sie, sie möchte bei Biberkopf bleiben: „‚Ick bin deine, Franz.'" (S. 338)

Franz verprügelt Mieze

Versöhnung

Die Ermordung Miezes (S. 338–353)

Mieze ist über die Nähe ihres Freundes Franz zu Reinhold beunruhigt. Anders als Biberkopf selbst hat sie die Gefahr erkannt, sie „will was für Franzen tun", sie will „alles rauskriegen und ihn beschützen" (ebd.). Deshalb nutzt sie die Gelegenheit und sucht in Begleitung ihres Liebhabers Karl, der ebenfalls ein Mitglied der Pums-Bande ist, diese bei einem ihrer diversen Treffen auf. Auf einer anschließenden Landpartie treffen sie wie zufällig auf Reinhold, der sich in den Kopf gesetzt hat, Biberkopf Mieze auszuspannen. Dies gelingt ihm auf dem ersten gemeinsamen Spaziergang noch nicht, doch drei Tage später kommt es zu einem erneuten Treffen zwischen Karl, Reinhold und Mieze, die es sich zum Ziel gesetzt hat, möglichst viele Informationen über die Pläne der Pums-Bande herauszubekommen, um auf diese Weise ihren naiven Franz beschützen zu können. So wird es verständlich, dass Mieze Reinhold mit Fragen

Mieze will Franz helfen

überhäuft, die dieser abwehrt. Ihm geht es allein darum, Mieze zu verführen. Seine deutlichen Annäherungsversuche wehrt Mieze anfangs ab, schließlich droht er ihr Gewalt an und zwingt sie so zum Beischlaf. Selbst diesen nutzt die aufopferungsbereite Mieze noch dazu, um Reinhold auszuhorchen: „‚Jetzt erzählst du mir was, Reinhold.'" (S. 349) Damit nimmt die Katastrophe ihren Lauf, denn Reinhold nutzt die Gelegenheit, um seine Überlegenheit gegenüber Franz zu demonstrieren. Er erzählt ihr, auf welche Weise dieser seinen Arm verloren hat. Schnell wird Mieze klar, dass es sich bei Reinhold um einen Mörder handelt, sie reagiert entsprechend: „‚Du Saukerl. Dir spuck ick an.'" (S. 352) Zu spät nimmt sie wahr, in welcher Gefahr sie sich befindet, ein Fluchtversuch scheitert und Reinhold erwürgt sie. Zusammen mit Karl werden die Spuren des Mordes so gut wie möglich verwischt, die Leiche wird im Wald vergraben. Die Beschreibung dieses Mordes zieht sich über mehrere Seiten und fordert dem Leser einiges ab. Die Schilderung schreckt auch vor grausamen Details nicht zurück, die durch mehrere intertextuelle Verweise verstärkt werden. Zum einen trifft der Leser auf das Schnitter-Motiv, das ja bekanntermaßen mit dem ersten Auftreten Reinholds auftauchte. Und auch kurz vor der Ermordung Miezes heißt es vom Schnitter Tod in seltsam gebrochener, ironischer Weise: „Nun wetzt er das Messer, jetzt schneidt es schon besser." (S. 345) Noch schaut er dem Geschehen nur zu und greift nicht ein, er kommentiert bloß das Geschehen. Seiner Rolle als Korrektiv, als Mahner und Warner, kommt er an dieser Stelle nur im Ansatz nach. Zum anderen ähnelt die Wortwahl während der Mord-Sequenz in verblüffender Weise derjenigen aus der Schlachthof-Sequenz: „Wenn man ein Kälbchen schlachten will, bindet man ihm einen Strick um den Hals, geht mit ihm an die Bank. Dann hebt man das Kälbchen hoch, legt es auf die Bank und bindet es fest." (S. 351) Die Harmlosigkeit und Ruhe der biblisch anmutenden Worte

Reinhold offenbart sich Mieze

Ermordung Miezes

Intertextualität

„Schnitter Tod"

Schlachthof-Sequenz

kontrastieren stark mit der Schilderung des brutalen Mordes an der einzigen Figur des Romans, die charakterlich als vorbildlich beschrieben wird. Indem Mieze dem Wahn Reinholds und zugleich der Naivität und Dummheit ihres Geliebten zum Opfer fällt, scheint es am Ende des siebten Buches so, als habe das Böse gesiegt. Denn Franz hat nun das Einzige verloren, das einen dauerhaften Wert für ihn hatte. Die Ankündigung des Erzählers hat sich somit bewahrheitet: Franz hat den dritten und weitaus schwersten Schlag erhalten. Der Leser ist gespannt darauf, wie er mit diesem erneuten Tiefschlag umgehen wird.

„Dritter Schlag“

Achtes Buch (S. 355–410)

Das achte Buch unterscheidet sich strukturell von den vorangegangenen „Erholungsbüchern“. Im zweiten Buch ist es Biberkopf noch möglich, sein inneres Gleichgewicht nach der Entlassung aus dem Tegeler Gefängnis wiederzufinden. Gleiches gilt für seine Reaktion auf den ersten Schlag, den er im dritten Buch erhält. Den hier beschriebenen Betrug durch Lüders kann er im vierten Buch ebenso verkraften wie den intensiveren zweiten Schlag, den Verlust seines Armes als Folge des fehlgeschlagenen Raubzugs. Für den Leser sind die Hartnäckigkeit und die Willenskraft Biberkopfs nach diesen beiden Schlägen durchaus bewundernswert, auch wenn der Erzähler ebenso wie die Figur des Schnitter Tod durch eingestreute Kommentare keinen Zweifel daran lassen, dass der Protagonist die falschen Schlüsse aus diesen Ereignissen zieht. Statt nachzudenken und seine Überlebensstrategie zu verändern, macht Biberkopf weiter wie bisher. Nach dem zweiten Schlag gibt er sogar seinen ursprünglichen Plan, ein anständiges, bürgerliches Leben zu führen, auf und schlägt eine kriminelle Laufbahn als Mitglied der Pums-Bande ein. Mit dieser Widerstandskraft Biberkopfs hat es nun im achten Buch ein

Ende der Widerstandskraft Biberkopfs

Ende, der Tod Miezes versetzt Döblins Protagonisten einen Schlag, den dieser nicht ohne Weiteres verarbeiten kann. Schon in der Vorrede des Buches wird dies deutlich, wenn angekündigt wird, dass Biberkopf nun wisse, „daß er verloren ist" (S. 355). Darin besteht ein wesentlicher Unterschied zur bisherigen Romanstruktur, der entscheidende Folgen für die weitere Romanhandlung haben wird.

Änderung der Romanstruktur

Die Suche nach Mieze und Kontroversen in der Pums-Bande (S. 357 ff.)

Reaktion auf Verschwinden Miezes

Das Buch beginnt mit der Reaktion Biberkopfs auf die von der Bildfläche verschwundene Mieze. Biberkopf fällt zwar auf, dass seine Geliebte „nicht da" (S. 358) ist, doch hält er ihr Fehlen für nicht weiter bemerkenswert: „Bei Mieze weiß man nicht. […] Die läßt mir sitzen." (ebd.) Er vermutet, dass Mieze ihn aufgrund ihrer Liebe zu einem ihrer Freier sitzen gelassen und ihm seinen Wutanfall nicht verziehen hat. Die Tatsache, dass er zwei Tage gar nichts tut, lässt darauf schließen, dass er Miezes Abwesenheit bedauert, sich jedoch weigert, nach ihr zu suchen. Sein Stolz – „ich werde der nicht nachlaufen" (ebd.) – ist größer als die näherliegende Sorge um das Leben der Geliebten, die sich in einem gefährlichen, da kriminellen Milieu bewegt. Ganz anders reagiert Eva, der er von Miezes Verschwinden erzählt hat: „‚[…] da is wat passiert, die ist nicht von alleene weg, von mir geht sie nicht so weg und von Franzen ooch nich. Und er merkt et nich.'" (S. 360) Erneut wird das im Roman immer wieder auftauchende Motiv der Blindheit Biberkopfs zitiert, der vor der Wirklichkeit lieber die Augen verschließt. Der einzige Mensch, der ihm je etwas bedeutet hat, den er laut eigener Aussage sogar liebte, ist verschwunden, doch Biberkopf verharrt in Lethargie und Nichtstun. Kein Wunder, dass Eva Franz für diese gefühlskalte Reaktion kritisiert: „‚Daß du gar nicht betrübt bist, keene Träne, – Mann, ich könnte an dir rütteln, ich kann

Stolz größer als Sorge

Motiv: Blindheit

doch nichts machen.'" Franz: „,Ick ooch nich.'" (S. 363) Gerade diese resignative Antwort Biberkopfs ist symptomatisch für sein Verhalten im achten Buch. Seine Willenskraft scheint gebrochen, er selbst hält sich für nicht wirkungsmächtig genug, um angemessen auf die Herausforderungen der Welt zu reagieren. Sein Glaube an die Autonomie (Selbstbestimmung) und Selbstwirksamkeit ist mit dem dritten Schlag verloren gegangen, passiv erduldet er, was über ihn hereinbricht. Seine Wandlung vom aktiven, an sich selbst glaubenden Agierenden hin zu einem passiv Erduldenden wird besonders anschaulich, als er von den Umständen des Mordes an Mieze erfährt. Der Klempner Karl, der sich bei einem Einbruch beim Öffnen eines Tresors die Hände verbrennt, verliert sein Vertrauen zu Reinhold. Der Zusammenhalt unter den Mitgliedern der Pums-Kolonne schwindet nach einem fehlgeschlagenen Einbruch in einer Verbandstofffabrik rasant, sodass Karl Franz in einer Kneipe aufsucht und ihm mitteilt, dass Reinhold ein verachtenswerter „,Hund'" (S. 371) sei. Wie gering Biberkopfs Menschenkenntnis ausgeprägt ist, lässt seine Antwort erahnen: „Der ist gut." Einmal mehr offenbart sich die Ignoranz und Dummheit Biberkopfs, der seine Umwelt völlig falsch einschätzt und Freund und Feind nicht auseinanderhalten kann. Karls Diagnose ist dementsprechend radikal und direkt: „Du bist ein Ochse, du weeßt ja gar nischt von der Welt, du hast ja keene Oogen." (ebd.) Als Karl bei einem Einbruch auf frischer Tat ertappt wird, versucht er vergeblich, Reinhold in das Verbrechen zu involvieren, doch dieser kann gegenüber der Polizei ein Alibi vorweisen. Der von diesem Fehlschlag keinesfalls entmutigte Klempner bringt die Polizei jedoch auf die richtige Spur, über Umwege hinweg findet diese schließlich Miezes Leiche. Es ist ausgerechnet Reinhold, der Franz hiervon unterrichtet und ihn vor der nach den Mördern fahndenden Polizei warnt. Immer noch glaubt Franz an Reinholds Unschuld.

Glaube an Selbstbestimmung geht verloren

Probleme in der Pums-Bande

Franz sieht die Wahrheit nicht

Franz' Reaktion auf die Ermordung Miezes (S. 381 ff.)

Erst nach einem die Geschehnisse deutlich machenden Zeitungsbericht erkennt der sich mittlerweile auf der Flucht befindende Biberkopf die Zusammenhänge. Die Montage von bereits bekannten Elementen aus dem biblischen Hiob-Mythos und der „Hure Babylon" sind an dieser Stelle (vgl. S. 379 ff.) nicht zufällig. Ebenso wie der sich zu Wort meldende „Schnitter Tod" sorgen diese Elemente dafür, dass an dieser zentralen Schlüsselstelle des Romans das vermeintliche Einzelschicksal Biberkopfs verallgemeinert, generalisiert wird: Wie Hiob hat Biberkopf Schläge erdulden müssen, doch er hat darauf mit Starrköpfigkeit reagiert und sich den Verlockungen der Stadt (Hure Babylon) hingegeben. Der Tod stellt die für den nun folgenden Erkenntnisprozess Biberkopfs entscheidenden „Warum"-Fragen (vgl. S. 385). Endlich, nach fast vierhundert Seiten und nahezu zwei Jahren in Freiheit, zeigt sich eine Wandlung Biberkopfs: „Es war falsch, daß ich marschierte, falsch, falsch." (ebd.) Franz gibt sich auf und wandert auf der Suche nach Reinhold, an dem er sich rächen will und dem er die Schuld am Tod Miezes gibt, durch die Stadt. Scheinbar zufällig landet er vor den Toren des Tegeler Gefängnisses. Dieses nimmt er genauso wahr wie direkt nach seiner Freilassung. Auch jetzt gerät die Dingwelt wieder in Bewegung, die Objektwelt zerfällt und er wird der chaotischen Vielfalt der Eindrücke nicht mehr Herr: „Und die roten Häuser hinter den Mauern fangen an zu zittern und zu wallen und die Backen aufzublasen." (S. 387 f.) – „[…] Franz Biberkopf irrt um das riesige Gefängnis, das immer zittert und wallt und nach ihm ruft, über die Äcker, durch den Wald, wieder weg auf die Straße mit den Bäumen." (S. 388) Er scheint ort- und perspektivlos, isoliert von seinen Mitmenschen und verängstigt durch die zerfallende Objektwelt: „Er lebt nicht und er stirbt nicht." (S. 390) Nahe am Suizid trifft er auf seiner verzwei-

Montage

Einsicht in eigene Fehler

Desorientierung und Chaos

Franz zwischen Leben und Tod

felten und ergebnislosen Suche nach Reinhold auf zwei Engel, die ihn vor dem Selbstmord beschützen wollen, denn für sie „naht der Punkt, wo alles erhellt wird" (S. 394). Biberkopf ist für sie „dicht daran, sehend zu werden. So weit sind viele gekommen. Aber er ist auch daran […] fühlend zu werden." (ebd.) Zum wiederholten Male wird im Roman also das Realitätsprinzip verlassen. Die Begegnung Biberkopfs und seine Gespräche mit den Engeln können nicht tatsächlich geschehen, vielmehr dürfte es sich um innere, psychische Vorgänge Biberkopfs handeln. Doch dessen Verzweiflung ist stärker als der von den Engeln eingeforderte Wunsch nach Selbsterkenntnis. Dies erkennen auch die bald desillusionierten Engel: „‚Aber er will uns ja nicht, dieser Biberkopf, […], er will uns abschütteln.'" (S. 395) Franz ist am Boden zerstört und innerlich gebrochen, aber seine persönliche Verantwortung und Schuld sieht er immer noch nicht ein, „Franz blieb, wie er war" (S. 398). Die echte Persönlichkeitsveränderung und -entwicklung stehen noch aus.

Dialog mit zwei Engeln

Sturheit Biberkopfs

Die Verhaftung Biberkopfs (S. 406–410)

Weil er aufgegeben hat, sich und das Dasein verflucht, die „Waffen gestreckt" (S. 408) hat, mutet seine Verhaftung wie ein versuchter Selbstmord an: „Weil ich aber Reinhold nicht töten kann, bring ich mich selber um." (S. 397) Denn anders ist es nicht zu erklären, dass er mit voller Absicht eine Kneipe aufsucht, in der gerade eine Polizeirazzia stattfindet. Offen sichtbar zieht er eine Waffe und zielt damit auf die Polizisten, die ihn schließlich überwältigen und ins Polizeipräsidium verfrachten. Dort gerät er unter den – wie der Leser ja weiß – falschen Verdacht, der Mörder der Prostituierten Mieze zu sein. Doch Biberkopf hat innerlich aufgegeben und mit sich abgeschlossen. Er ist dermaßen gebrochen, dass er sich gegen die Vorwürfe nicht verteidigt, „der Mann spricht nicht, er ist starr […]" (S. 409).

Selbstmordpläne

Absichtlich herbeigeführte Verhaftung

Neuntes Buch (S. 411–455)

Mit dem neunten Buch kommt der Roman inhaltlich und formal an sein Ende. In der Vorrede heißt es explizit, dass es nun an der Zeit sei, Biberkopf zu zerbrechen (vgl. S. 411). Daher nimmt der symbolische Tod des alten Franz Biberkopf einen großen Raum ein. Mit der Erscheinung des Todes tritt dann jedoch eine Figur auf, die im Dialog mit Biberkopf eine innere Wandlung des Protagonisten herbeiführt. Während die Hure Babylon sich ihrer Sache sicher zu sein scheint, kämpft der Tod in längeren Dialogen mit Biberkopf um dessen Seele. Am Ende sieht Biberkopf seine eigene Fehlerhaftigkeit ein, er übernimmt die Verantwortung und persönliche Schuld am Tod Miezes. Damit ist die Voraussetzung für die Geburt eines neuen Franz Biberkopf gegeben, der ganz am Ende wiederhergestellt in die Großstadt Berlin entlassen wird, um sich erneut zu bewähren.

Auftritt des Todes

Die Verhaftung Reinholds (S. 411–419)

Das letzte Buch beginnt mit der Schilderung des Lebens von Reinhold. In ihm als Verkörperung des Bösen sieht der Leser den Hauptverantwortlichen für das tragische Geschehen, insbesondere für die Ermordung Miezes, aber auch für den Niedergang Biberkopfs. Einen letzten Beleg für die manipulative Gerissenheit Reinholds erhält der Leser, als er dessen genialen Fluchtplan durchschaut. Weil wegen der Ermordung Miezes nach ihm in der ganzen Stadt gefahndet wird, begeht Reinhold einen Raubüberfall. Er lässt sich unter falschem Namen absichtlich verhaften und zu einer vierjährigen Gefängnisstrafe verurteilen. Darin liegt das Geniale seines Planes: Während alle Welt ihn in der Stadt sucht, befindet er sich längst hinter Schloss und Riegel, denn „Gefängnis ist das Sicherste bei dicke Luft“ (S. 413). Einmal mehr scheint es so, als sei Reinhold wieder einmal mit einem blauen Auge davongekommen. Doch er begeht

Genialer Fluchtplan Reinholds

Verhaftung und Inhaftierung Reinholds

einen folgenschweren Fehler, als er mit einem Mithäftling Freundschaft schließt und diesen in sein Geheimnis einweiht. Als dieser Mithäftling in die Freiheit entlassen wird, plaudert er all sein Wissen aus. So erhält die Polizei den entscheidenden Tipp, dass sich der gesuchte vermutliche Mörder Miezes bereits in ihrem Gewahrsam befindet. Reinhold wird, das ist sicher, seiner gerechten Strafe nicht entgehen und zu zehn Jahren Gefängnisstrafe wegen Totschlags verurteilt. Indem der Leser von der Entdeckung und Bestrafung Reinholds erfährt, wird sein Gerechtigkeitsempfinden befriedigt. Der Wunsch, das Böse möge bestraft und das Gute bestätigt werden, liegt in den Lektüregewohnheiten der Menschen und wird von Döblin an dieser Stelle berücksichtigt, allerdings nur auf den ersten Blick. Denn die Bestrafung des Bösen ist dem Erzähler nicht wichtig, ironisch bemerkt er: „[…] dieses Kapitel kann man auslassen." (S. 413)

Zwischen Tod und Erlösung: Franz in der Nervenheilanstalt Buch (S. 419–444)

Franz in der Nervenheilanstalt

Weil er im Gefängnis jegliche Nahrungsaufnahme ebenso wie eine inhaltliche Stellungnahme zu den ihm gemachten Vorwürfen ablehnt, wird Franz von dort in die Nervenheilanstalt Buch verlegt. Hier wird er mit der „Schlundsonde" (S. 419) zwangsernährt, um auf diese Weise zu verhindern, dass Franz, der mit seinem Leben abgeschlossen hat, sich zu Tode hungert. Doch die medizinischen Maßnahmen scheinen nicht von Erfolg gekrönt, da Franz alles wieder von sich gibt. Sein Lebenswille scheint völlig gebrochen, Döblins Protagonist möchte sterben: „[…] Franz Biberkopf steht nicht mehr auf." (S. 420) Von der Welt und der nötigen Auseinandersetzung mit seinen Taten wendet er sich völlig ab, er „stopft sich die Ohren zu, macht sich steif" (S. 421). Diese Weigerung Biberkopfs, sich seinen eigenen Fehlern zu stellen, lockt erneut die gierige Hure Babylon,

Lebenswille gebrochen

die nur auf Franz' Ableben und damit ihre Beute wartet. Tatsächlich ähnelt Biberkopfs Zustand der Bewusstlosigkeit fast schon einem tierischen Stadium: „Die Mäuse laden Franzen ein, mit ihnen zu essen und nicht traurig zu sein." (S. 428) Der Mensch erscheint an dieser Stelle als „ein häßliches Tier, der Feind aller Feinde, das widrigste Geschöpf, das es auf der Erde gibt, noch schlimmer als die Katzen" (ebd.).

Tierisches Stadium

In diesem Moment absoluter Hoffnungslosigkeit und Todesnähe erscheint die Figur des Todes auf der Bühne, er hat nun seinen großen Auftritt und singt sein „langsames Lied" (S. 429). Auch Biberkopf muss diesem zuhören. Das ist nicht leicht, denn inhaltlich beginnt der Tod mit einer umfassenden Analyse aller Fehler und Irrwege, die Biberkopf im Laufe seines Lebens begangen hat. Den Todeswunsch des Protagonisten sieht der Tod dabei als hilfreich an, denn bisher sei es ihm ja nicht in den Sinn gekommen, „‚dich zu verwerfen und was du begonnen hast. Du hast dich in Stärke hineingekrampft'" (S. 430). Jetzt aber, in der Nähe der totalen Vernichtung, seien die Voraussetzungen für die angestrebte Selbsterkenntnis, den neuen Blick (S. 431), endlich erfüllt. Doch trotz des Todeswunsches Biberkopfs spürt der Tod dessen Weigerung, sein eigenes Scheitern einzugestehen, er sieht sich immer noch als ein unschuldiges Opfer anonym-gewalttätiger Strukturen. Daraufhin ändert der Tod seine Strategie, sein Ton wird unbarmherzig. Mit gebieterischen Befehlen, deren Wortfeld an die Schlachthof-Sequenz erinnert, schwingt er sein blitzendes Beil und droht mit physischer Vernichtung. Das Gespräch zwischen Biberkopf und dem Tod ist nur als innerpsychischer Vorgang zu verstehen, denn die Menschen in Biberkopfs Umgebung „hören nichts von dem Geschrei" (S. 432). Das Leiden Biberkopfs ist für den Tod die Voraussetzung für die Erlösung. Doch dafür ist die Zeit noch nicht gekommen, weitere Vorwürfe schließen sich an: „‚Blind bist du gewe-

Vorwürfe und Analyse des Todes

Leiden als Voraussetzung für Heilung

sen und frech dazu, hochnäsig, der Herr Biberkopf aus dem feinen Viertel, und die Welt soll sein, wie er will.'" (S. 433) Für den Tod Miezes müsse Biberkopf endlich Verantwortung übernehmen, denn statt die aufrichtige Mieze ehrlich zu lieben, habe Biberkopf sie nur benutzt, um mit ihr vor Reinhold zu prahlen: „,Das überlege dir, ob du nicht selbst schuld bist, wenn sie nicht lebt.'" (S. 434) Statt sich auf das Wichtige im Leben zu besinnen, habe Biberkopf wie ein Blinder im eigenen Kokon gelebt, die Welt aber brauche „,andere Kerle als dir, hellere und welche, die weniger frech sind, die sehen, wie alles ist […]'" (ebd.). Die Antwort Biberkopfs auf diese Vorwürfe des Todes erstaunt: „,Laß mir besinnen.'" (S. 434) Damit fordert Biberkopf endlich das ein, was ihm in den letzten eineinhalb Jahren, in denen er nur drauflosgelebt hat, gefehlt hat. Er benötigt Zeit, um quasi aus sich selbst herauszutreten, um sich selbst betrachten und seine Taten beurteilen zu können. Genau für diese durch den Tod initiierte Form der Retardierung (Verzögerung) ist der Boden bereitet, wenn der Tod Biberkopf das Menschsein überhaupt abspricht und ihm seine grundsätzliche Untauglichkeit vor Augen führt: „,Die Welt braucht andere Kerle als dir, hellere und welche, die weniger frech sind, die sehen, wie alles ist, nicht aus Zucker, aber aus Zucker und Dreck und alles durcheinander.'" (S. 434, Hervorhebung T.S.) Dass man sich den Tod als eine kontroverse innere Stimme Biberkopfs vorstellen kann, wird durch die Hervorhebung besonders anschaulich, denn hier spricht dieser mit einem grammatikalischen Kasus-Fehler zu Biberkopf. Darin erinnert seine Sprache an Biberkopfs, denn handelte es sich um eine auktoriale, über den Dingen stehende externe Stimme, so wäre es weitaus wahrscheinlicher, dass diese in grammatisch korrekten Sätzen spräche. Den Kampf, der im Inneren Biberkopfs vor sich geht, macht dieser also mit sich selbst aus.

Biberkopf benötigt Zeit (retardierender Moment)

Sprache des Todes

Psychische Vorgänge: Begegnungen mit Personen der Vergangenheit (S. 436 ff.)

Der sich völlig am Boden befindende Biberkopf, dem Tod näher als dem Leben, begibt sich nun auf einen Pfad, der zu seiner Wiederherstellung, besser noch zu der Entwicklung eines neuen Franz (Karl) Biberkopf führen wird. Wiederum als innerpsychischer Vorgang werden seine Begegnungen mit Lüders, Reinhold, Ida und Mieze geschildert. Allesamt Figuren, die in den letzten eineinhalb Jahren von größerer Bedeutung für das Schuldigwerden Biberkopfs waren. Mit Lüders ist Franz nun in der Lage, das Gespräch zu führen, zu dem es nach dem ersten Schlag leider nicht kam. Jetzt wird nachgeholt, was notwendige Voraussetzung des Heilungsprozesses ist. Der gewandelte Biberkopf lehnt die Menschen nicht mehr ab, sieht in ihnen nicht von vornherein eine Gefahr, sondern weiß, um was es geht: „Herankommen lassen." (S. 437) Gleiches gilt für die sich anschließende Begegnung mit Reinhold.

Begegnung mit

... Lüders

Auch wenn Reinhold als Verkörperung des Bösen eine Mitschuld am tragischen Geschehen zukommt, so schont dieser Biberkopf doch nicht. Und man darf davon ausgehen, dass die Vorwürfe, die Reinhold Döblins Protagonisten macht, auch vom Autor selbst geteilt werden: „‚Und wer hat mir das Mädel gezeigt, und wer hat sich aus dem Mädel nischt gemacht, und ich muß mir unter die Bettdecke legen, du Großschnauze, wer war denn das?'" (S. 438) Tatsächlich erkennt Biberkopf nun, dass es seine Renommiersucht und Prahlerei waren, die ihn in die Bredouille gebracht haben. Gleiches gilt für seine kaum nachvollziehbare Fehleinschätzung Reinholds, den er noch dann für einen positiven Charakter hielt, als seinem gesamten Umfeld bereits klar war, dass Reinhold ein böses Spiel trieb. Endlich sieht Franz seinen Fehler ein und benennt ihn: „Ich hätte mit ihm nichts machen sollen, ich hätte nicht kämpfen sollen mit dem. Warum hab ick mir in den verbissen." (ebd.)

... Reinhold

Noch klarere Worte für seine Dummheit findet er kurze Zeit später: „Ick seh es, es war ja falsch. Was hab ich alles gemacht. Weg, weg mit dem." (ebd.) Den Kampf, für den er das Leben im Großstadtdschungel hielt, muss er verloren geben: „Ick hab nicht gesiegt, ick weeß es." (S. 439) Die Begegnung mit Ida, die der brutalen Gewalt des alten Franz Biberkopf zum Opfer fiel, verstärkt diese Einstellung. Zwar versucht er auch hier zu Beginn, sich aus der Verantwortung zu stehlen, als Ida ihm einen Mordvorwurf macht: „Nee, det hab ick nicht gemacht, det is gerichtlich bewiesen, ick habe bloß Körperverletzung, ich war nicht schuld daran." Doch Ida lässt diese Ausrede solange nicht gelten, bis Biberkopf ihr recht geben muss. Die Tränen, die er angesichts seiner Schuld weint, verstärken sich noch mit dem Auftauchen Miezes, die ihn in besonders intensiver Weise mit seiner Schuld konfrontiert. Die Einsicht Biberkopfs ist ehrlich und glaubwürdig, er „weint und weint, ich bin schuldig, ich bin kein Mensch, ich bin ein Vieh, ein Untier. [...] Das also ist der Untergang des Franz Biberkopf [...]" (S. 442).

... Ida

... Mieze

Aufbau eines neuen Menschen: Franz Karl Biberkopf (S. 443–455)

Ein neuer Mensch

Doch mit der Zerstörung eines Menschen findet der Roman keineswegs sein Ende. Ein neuer Mensch, der den Namen Franz Karl Biberkopf trägt, wird geboren und ‚innerlich gereinigt' erneut in das Berlin seiner Zeit entlassen. Bevor es jedoch so weit ist, verallgemeinert der Erzähler das geschilderte Geschehen, indem er es als Schlachtfeld zwischen der Hure Babylon und dem Schnitter Tod darstellt. Den Kampf um die Seele Biberkopfs muss die Hure – Symbol der Verführungskraft und reizvollen Lockungen Berlins – verloren geben, „der Tod ist Sieger und trommelt sie davon" (S. 443). Dass der Tod jedoch andere Motive als nur die Erniedrigung und Einsicht Biberkopfs in seine persönli-

Niederlage der Hure Babylon

che Schuld hat, wird durch seine Worte schnell deutlich gemacht, der Tod hat noch Pläne mit Franz: „Der Mann Franz Biberkopf ist hier, ich habe ihn ganz und gar zerschlagen. Aber weil er stark und gut ist, soll er ein neues Leben tragen […].“ (S. 443) Die Rolle des Todes hat sich also gewandelt: Er ist nicht mehr bloßer Warner und Strafender („Mähmann“), sondern zeigt sich als konstruktiver Helfer, als „Sämann“ auf der Seite des Siegers. Weil Franz Einsicht zeigt, verhilft er ihm zu einer neuen Chance, einem neuen Leben. So überrascht es nicht, dass Franz sowohl aus der Klinik entlassen als auch vonseiten der Polizei entlastet wird. Nun wiederholt sich die berühmte Sequenz, die der Leser zu Beginn des Romans „über sich ergehen“ lassen musste, die Schilderung des Weges in die Freiheit. Dabei ist es nicht die Stadt selbst, die sich verändert hat. Doch anders als eineinhalb Jahre zuvor ist Biberkopf in völlig anderer psychischer Verfassung, er ist nicht mehr derselbe verunsicherte und von der Umwelt eingeschüchterte Mensch: „Die Häuser halten still, die Dächer liegen fest, er kann sich ruhig unter ihnen bewegen, er braucht in keine dunklen Höfe zu kriechen.“ (S. 447) Und statt allein durch die große Stadt zu wildern, hört Franz – der eine solide Arbeit als Hilfsportier gefunden hat – nun auf seine Freunde. Herbert und Eva werden explizit erwähnt. Das ist die zentrale Botschaft des Romanschlusses, dass Biberkopf am Ende „nicht mehr allein am Alexanderplatz“ (S. 453) steht. „Es sind welche rechts von ihm und links von ihm, und vor ihm gehen welche, und hinter ihm gehen welche. Viel Unglück kommt davon, wenn man allein geht. Wenn mehrere sind, ist es schon anders. Man muß sich gewöhnen, auf andere zu hören, denn was andere sagen, geht mich auch an. Da merke ich, wer ich bin und was ich mir vornehmen kann.“ (ebd.) Der neue Franz Biberkopf hat die Egozentrik und Ichverkrampfung des alten überwunden, er zeigt sich offen gegenüber seinen Mitmenschen, sein Verhalten ist

Der Tod als „Mähmann“ und „Sämann“

Wiederholung der Eingangssequenz mit anderem Ergebnis

Franz hört auf seine Freunde

Nachdenklichkeit und Sozialität

geprägt von Zugewandtheit und Nachdenklichkeit. Gerade Letztere fällt dem Leser ins Auge, wenn vor Biberkopfs Fenster marschierende Truppen „mit Fahnen und Musik und Gesang“ (S. 454) vorbeiziehen und ihn dazu veranlassen möchten, mitzuziehen. Diese Schlussszene erinnert an die Strategie des alten Franz Biberkopf zu Romanbeginn. Dort hatte er noch angesichts der ihn beängstigenden Vielfalt der Großstadt militärische Lieder gegrölt, um sich Mut anzusingen. Eine solche, den Geist vernebelnde Antwort kommt dem neuen Franz am Ende des Romans nicht in den Sinn. Er sieht einerseits die Bedeutung der Gemeinschaft, weiß gleichzeitig aber auch um ihre Gefahren: „Wenn ich marschieren soll, muß ich das nachher mit dem Kopf bezahlen, was andere sich ausgedacht haben.“ Er scheut den rein emotionalen Anschluss an die große Masse, verlangsamt bewusst seine Entscheidungen und lässt sich Raum für Reflexion: „Dem Mensch ist gegeben die Vernunft, die Ochsen bilden statt dessen eine Zunft.“ (S. 454) Der Romanschluss findet seine Entsprechung in einigen naturphilosophischen Schriften Döblins. Darin vollzieht sich die Ausbildung von Ich-Identität keinesfalls nur in Abgrenzung zu den anderen (Individuation), sondern ebenfalls in Hinwendung zu diesen (Kommunion). Diese grundsätzliche Widersprüchlichkeit lässt sich für Döblin nicht auflösen; es gilt vielmehr, sich ihrer bewusst zu werden.

Unterschied zwischen Tier und Mensch

Ich-Identität: Individuation und Kommunion

Deutung des Romanschlusses (S. 447–455)

Der Romanschluss hat Anlass für vielfältige Deutungen gegeben. Döblin selbst hielt ihn für weniger gelungen und plante die Abfassung eines zweiten Romans, der die weitere Geschichte des neuen Franz Biberkopf erzählen sollte. Zu dieser Fortsetzung kam es jedoch nicht.

Vorwurf: „angehängter Schluss“;

Kritik erntete der Romanschluss vor allem deshalb, weil die Läuterung Biberkopfs vielen Rezensenten als „angehängt“

und bloß behauptet vorkam. Die Persönlichkeitsveränderung Biberkopfs ergibt sich für diese Kritiker nicht aus dem Geschehen, sondern erscheine viel eher als eine Wunschvorstellung des Autors, die dieser seinem Protagonisten übergestülpt habe, sie erwachse nicht sachlogisch aus dem Handlungsgeschehen. In der Tat weigert sich Biberkopf noch wenige Seiten vor dem Schluss, seine persönliche Schuld einzusehen. Erst die radikale Bedrohung durch den nahenden Tod lässt ihn zur gewünschten Einsicht kommen.

Unglaubwürdigkeit der Wandlung Biberkopfs

In der positiven Veränderung der Persönlichkeitsstruktur Biberkopfs sahen andere Interpreten die Tradition des typisch deutschen Bildungs- und Entwicklungsromans. Bei einem solchen Romantypus wird die persönliche Entwicklungsgeschichte eines anfangs noch innerlich unreifen, meist jungen Menschen geschildert, der sich hinaus in die weite Welt wagt und dabei derartig wichtige Erfahrungen mit Welt, Umwelt und Mitmenschen macht, dass ein geistiger Reifungsprozess einsetzt. Wie bei dem wohl berühmtesten Bildungsroman – Goethes „Wilhelm Meister" – steht am Ende eine mit sich und der Gesellschaft versöhnte, von häufig egozentrischen Motiven gereinigte Person, die sich sozial wie gesellschaftlich in vorhandene Strukturen integriert und sich für die Gesellschaft engagiert. Mit Blick auf Döblins Werk „Berlin Alexanderplatz" könnte der Leser zu der letztlich falschen Annahme kommen, dass auch dieser Roman dem Typus des Bildungsromans entspricht, schließlich zeigt sich gerade im Vergleich mit der Romanexposition am Ende ein veränderter, nachdenklicher Biberkopf, der sich sozial integriert, während er zu Beginn vor Egozentrismus und Menschenverachtung strotzte. Zwar kann man sicher davon sprechen, dass Döblin das skizzierte Muster des klassischen Bildungsromans zitiert, doch es bleibt bei diesem Zitat. Eine echte Entwicklung auf Grundlage eigenverantwortlichen Denkens und Handelns findet bei Biber-

Typus des Bildungs- und Entwicklungsromans

Keine echte Entwicklung

kopf eher nicht statt. Seine plötzliche, scheinbar aus dem Nichts stattfindende Veränderung hat andere Interpreten eher zu dem Schluss kommen lassen, hier werde eine Art „Erweckungskrise" dargestellt, möglicherweise sogar im christlich-religiösen Sinn. So wie Jesus die sündhaften Menschen von ihrer Schuld erlöse, so komme auch Biberkopf in den Genuss dieser Gnade – unverdient und überraschend. Letztlich muss man wohl dem berühmten Literaturtheoretiker Walter Benjamin recht geben, der Döblins Roman als „äußerste, schwindelnde, letzte, vorgeschobenste Stufe"[1] der Gattung des Bildungsromans bezeichnete.

Religiöse Deutung

Auch die Kritik der politischen Linken ließ nicht lange auf sich warten. Für sie galt der aus ärmlichen Verhältnissen stammende Döblin als einer der ihren. Seinen Roman wollten sie für ihre Zwecke instrumentalisieren, indem sie den Proletarier Biberkopf als unschuldiges Opfer falscher gesellschaftlicher und ökonomischer Grundstrukturen verstanden. Tatsächlich sind die unsicheren materiellen Lebensbedingungen, in denen sich der Proletarier Biberkopf bewegt, mitverantwortlich für seine Tat und sie prägen sein Denken. Auf der anderen Seite interessiert er sich nicht für Politik, lässt sich nicht für eine Sache vereinnahmen und ist politisch desorientiert. Ein klares Bekenntnis zum gesellschaftlichen Bild der Sozialisten und Kommunisten bleibt aus; ein wesentlicher Grund, warum die marxistisch orientierte Literaturwissenschaft den Romanschluss einer vehementen Kritik unterzog. Wie genau es mit Biberkopf weitergeht, ob er sich den unter seinem Fenster marschierenden Massen anschließen wird – möglicherweise eine Vorausschau Döblins auf den kommenden Faschismus zum Ende der Weimarer Republik –, lässt das offene Ende im Unklaren.

Kritik der Linken am Roman

Kein klares Bekenntnis zum Sozialismus

Offenes Ende

[1] Walter Benjamin: Krise des Romans. In: Angelus Novus. Ausgewählte Schriften. Bd. 2, Frankfurt 1968, S. 443

Franz (Karl) Biberkopf ist am Ende des Romans ...

- überlegt und reflektiert
- beruhigt
- erwartungsvoll
- sozial integriert und orientiert
- verantwortungsvoll
- sich seiner Schuld bewusst

ein „neuer" Mensch

Hintergründe

Alfred Döblin – Leben und Werk

Kindheit und Jugend

Geboren 1878

Alfred Döblin wird am 10. August 1878 in Stettin geboren. Er ist das vierte von fünf Kindern seiner jüdischen Eltern, dem Schneider Max Döblin und seiner Frau Sophie. Die Familie lebt in bescheidenen Verhältnissen. Zum traumatischen Kindheitserlebnis, das Döblin noch Jahrzehnte später künstlerisch verarbeitet, wird die „Flucht" seines Vaters. Dieser verlässt seine Frau mitsamt der fünf Kinder, um mit der Schneiderin Henriette Zander in den USA ein neues Leben aufzubauen. Für den zehnjährigen Alfred wie für den Rest der im Stich gelassenen Familienmitglieder hat dieses Ereignis nicht nur psychische Folgen: Die nun mittellose Mutter sieht sich gezwungen, das geruhsame und überschaubare Stettin zu verlassen und in die Großstadt Berlin zu ziehen. Biografisch wie künstlerisch lässt Döblin diese Stadt bis zum Ende seines Lebens keine Ruhe. Ihre Größe, Schnelligkeit und Lautstärke sind für ihn Merkmale einer unerbittlichen Moderne, mit der er als Kind überfordert ist, von der er als Künstler jedoch profitiert, weil sie ihm immer neue Impulse und Eindrücke vom Leben der Menschen ermöglicht: „Mein Denken und Arbeiten geistiger Art gehört […] zu Berlin. Von hier hat es empfangen und erfährt dauernd seine entscheidenden Einflüsse und seine Richtung, in diesem großen, nüchternen Berlin bin ich aufgewachsen, dies ist der Mutterboden, dieses Steinmeer der Mutterboden all meiner Gedanken."[1]

Trauma: Verlust des Vaters

Von Stettin …

… nach Berlin

[1] Alfred Döblin. In: Ders. 1878–1957. Katalog zur Ausstellung im Literaturarchiv Marbach. München 1978, S. 214

Die sich in materieller Not befindende Familie wird in Berlin von einem Bruder der Mutter finanziell unterstützt, dennoch führen sie ein Leben in sozialer Not und Armut am Rande der Gesellschaft. Dieses in früher Kindheit erfahrene Leben in ärmlichen Verhältnissen prägt Döblins Kunst zeit seines Lebens. In seinem Roman „Berlin Alexanderplatz" sind seine bevorzugten Handlungsträger Figuren aus dem Arbeitermilieu, Verstoßene, sozial Ausgegrenzte am Rande der Gesellschaft. Ihnen gilt das Interesse des Autors auch dann noch, wenn er als niedergelassener Mediziner den gesellschaftlichen Aufstieg längst vollzogen hat. Über die Schulzeit Döblins ist nur wenig bekannt, die vorhandenen Quellen lassen aber darauf schließen, dass Döblin als Schüler insgesamt keine glückliche Zeit verlebt. Dennoch gelingt es ihm – für die damalige Zeit für ein Kind aus ärmlichen Verhältnissen keineswegs selbstverständlich –, das Abitur abzulegen und damit die Berechtigung für ein Hochschulstudium zu erwerben. Erste gelegentliche Schreibversuche als Schüler werden in der Studienzeit vertieft. So ist die Freundschaft Döblins mit Herwarth Walden überliefert, der 1904 für die Gründung des „Vereins für Kunst" verantwortlich ist und 1910 die bekannte expressionistische Zeitschrift „Der Sturm" gründet.

Materielle Not

Abitur und Studium, erste Scheibversuche

Arbeit als Arzt und politische Einstellung

In den Jahren 1900 bis 1905 studiert Döblin in Berlin und Freiburg Medizin, im Anschluss arbeitet er als Assistenzarzt in einem Krankenhaus für psychisch kranke Menschen in der Nähe von Regensburg. 1906 kehrt Döblin zurück in die Stadt seiner Jugend, Berlin. Dort arbeitet er in der psychiatrischen Klinik Buch und beginnt mit eigenen wissenschaftlichen Arbeiten. Die den jungen Mediziner teilweise schockierenden Erfahrungen, die er hier mit seinen Patienten und den sozialen Verhältnissen, in denen diese lebten, machte, haben in zahlreichen Werken Döblins Spuren hin-

Arbeit als Arzt

terlassen. Der kühl analysierende Blick des Psychiaters ruht permanent auf Döblins Protagonisten Franz Biberkopf, der am Ende des Romans in genau diese Klinik in Berlin-Buch eingeliefert und dort therapiert wird.

In diesem Zusammenhang ist es wichtig zu erwähnen, dass Döblin selbst psychologische Erklärungen für das Verhalten seiner literarischen Figuren wie für das Verhalten realer Menschen ablehnt. Als Mediziner und Dichter ist es ihm wichtig, psychiatrische Diagnosen zu stellen. Im Roman „Berlin Alexanderplatz" spiegelt sich diese Grundeinstellung des Autors in folgendem Zitat, das im Anschluss an die versuchte Vergewaltigung einer Prostituierten steht. Psychologisch gesehen würde man den Vergewaltigungsversuch Biberkopfs nach seiner schockierenden Erfahrung in der neu gewonnenen Freiheit so deuten, dass er versucht, Selbstbewusstsein zu erlangen, indem er körperliche Gewalt über eine unterlegene Frau ausübt. Das Gefühl der Macht würde ihn dann psychisch gesehen stabilisieren. Eine solche Sicht lässt der Mediziner und Psychiater Döblin jedoch nicht gelten, denn er schreibt: „Die sexuelle Potenz kommt zustande durch das Zusammenwirken 1. des innersekretorischen Systems, 2. des Nervensystems und 3. des Geschlechtsapparates. Die an der Potenz beteiligten Drüsen sind: Hirnanhang, Schilddrüse, Nebenniere, Vorsteherdrüse, Samenblase und Nebenhoden. In diesem System überwiegt die Keimdrüse." (S. 34 f.) Für den späteren Sozialisten Döblin sind es vor allem die objektiven und materiellen Bedingungen, die das Verhalten der Menschen determinieren. Das Sein bestimmt das Bewusstsein, wie Karl Marx gegenüber den Idealisten formulierte, für die das Bewusstsein das Sein dominierte. Kein Wunder, dass die marxistisch orientierte Literaturwissenschaft dauerhaft versuchte, Döblin – Mitglied der linken Parteien USPD und SPD und politisch interessiert wie engagiert – für sich zu vereinnahmen. Obwohl sich Döblin durchaus als politisch

Einfluss der Psychiatrie

Politische Einstellung: Sozialist

links stehender Autor verstand, lassen sich seine Werke nicht eindeutig dieser Lesart zurechnen. Döblin selbst formulierte eine fundamentale Kritik an der Starrheit des Sozialismus und trat aus Protest gegen elitäres Bonzentum aus der USPD aus. Auch sein größter literarischer Erfolg, der Roman „Berlin Alexanderplatz", verwehrt sich einer rein marxistischen Deutung. Ginge es nach dieser, dann wäre der literarische „Held" Franz Biberkopf das letztlich unschuldige Opfer ungerechter gesellschaftlicher und ökonomischer (kapitalistischer) Grundstrukturen. Seine exemplarische Existenz ließe sich – marxistisch gedeutet – nur verbessern, wenn man eben diese Grundstrukturen verändert. Dazu ruft der Roman aber keineswegs auf. Im Gegenteil, die Gespräche zwischen Biberkopf und dem Tod am Ende lassen eher darauf schließen, dass Biberkopf individuelle Fehler begangen hat, für die er persönlich Verantwortung übernehmen muss. Die individuelle Verhaltensmodifikation ist hier das Ziel. Kein Wunder, dass vor allem der Romanschluss von der marxistisch orientierten Literaturwissenschaft einer vehementen Kritik unterzogen wurde. Döblin jedoch blieb ein unabhängiger Kopf.

Ideologische Eigenständigkeit

Ab 1911 arbeitet Döblin dann als niedergelassener praktischer Arzt, Psychiater und Internist an verschiedenen Orten Berlins. Er behandelt weiterhin vor allem sehr arme Patienten, denen einerseits sein Mitgefühl, andererseits sein wissenschaftliches Interesse gilt. 1912 heiratet er Erna Reiss, die einer wohlhabenden jüdischen Fabrikantenfamilie entstammte,

Familie

obwohl bereits ein Jahr zuvor aus dem unehelichen Verhältnis mit Frieda Kunke der Sohn Bodo entspringt. Insgesamt wird Döblin Vater von fünf Kindern.

Literatur und Kunst

Erste literarische Erfolge: „Die Ermordung einer Butterblume"

Künstlerische Erfolge

Sein erster literarischer Erfolg wird die typisch expressionistische Erzählung „Die Ermordung einer Butterblume", die Döblin 1911 veröffentlicht und die ihn in der literarischen Szene bekannt macht. Die folgenden größeren Romane „Die drei Sprünge des Wang-lun" (1915) und „Wallenstein" (1920) – vom deutschen Literaturnobelpreisträger Günter Grass Jahrzehnte später als künstlerisches Vorbild geadelt – finden in der literarischen Szene Anklang, das breite Publikum kann mit den anspruchsvollen Texten jedoch nicht viel anfangen. In der linken Schriftstellervereinigung „Gruppe 1925", zu deren Mitgliedern so bekannte Künstler wie Brecht, Tucholsky, Becher, Kisch oder Piscator gehörten, ist Döblin ein anerkanntes und geachtetes Mitglied. Größerer literarischer, auch kommerzieller Erfolg ist erst seinem Stadtroman „Berlin Alexanderplatz" (1929) beschieden.

Kunstprogramm

Künstlerisch ist Döblin der Avantgarde zuzurechnen. Er steht den kulturellen und gesellschaftlichen Neuerungen der Moderne offen gegenüber. Anders als die im Deutschland seiner Zeit lautstarke konservative Kulturkritik sieht er im Aufkommen neuer Medien wie dem Kino oder dem Radio künstlerische Chancen. Döblin ist sehr an der Frage interessiert, in welcher Weise diese neuen, populären Kunstformen die Literatur beeinflussen und verändern können. Sein montageartiger Schreibstil im Roman „Berlin Alexanderplatz" gibt eindrucksvoll Zeugnis von seinem Ziel, zu schreiben wie der Film. Insbesondere die formal-sprachlichen Innovationen von Döblins epochalem Roman „Berlin Alexanderplatz" stellen den Autor und sein Werk weltweit auf eine Stufe mit so berühmten Werken der modernen

Weltliteratur wie James Joyces Roman „Ulysses“ oder Dos Passos’ Werk „Manhattan Transfer“.[1]

Joyce und Dos Passos

Zeit im Dritten Reich

Die künstlerisch-literarische wie berufliche Etablierung als Arzt ist jedoch nicht von Dauer. Als 1933 die Nationalsozialisten in Deutschland an die Macht kommen, weiß der Jude – obwohl bereits 1912 aus der Jüdischen Gemeinde Berlin ausgetreten – sehr schnell, was die Stunde geschlagen hat. Am 28. Februar, dem Tag nach dem Reichstagsbrand in Berlin, flüchtet Döblin in die Schweiz, im Herbst siedelt er mitsamt seiner Familie von Zürich nach Paris über. In Deutschland werden seine Werke als „entartet“ und „undeutsch“ etikettiert und öffentlich verbrannt, die deutsche Staatsangehörigkeit wird ihm aberkannt. 1936 wird Döblin die französische Staatsangehörigkeit zuerkannt. Als die Nationalsozialisten auch Frankreich bedrohen, flieht der Autor in die USA. Seine Versuche, als Drehbuchschreiber für die Filmindustrie bei Metro-Goldwyn-Mayer in Hollywood Fuß zu fassen, scheitern jedoch. Im Exil erscheinen zahlreiche, weit weniger erfolgreiche Werke Döblins, so z. B. die Romane „Babylonische Wandrung“ (1934) und „Pardon wird nicht gegeben“ (1935).

Flucht in die Schweiz, Döblins Werke gelten als „entartet“ und werden verbrannt

Döblin in Frankreich

Flucht in die USA

Nach dem Zweiten Weltkrieg bis zum Tod

Nach dem Krieg – im Exil mittlerweile zum Katholizismus konvertiert – kehrt Döblin in sein Heimatland zurück. Die französische Militäradministration beauftragt ihn mit der notwendigen Aufbauarbeit einer demokratischen Kultur im nicht nur materiell, sondern auch ideell völlig zerstörten Deutschland. Die meisten Deutschen haben jedoch – wie Döblin sehr schnell merkt – kein Interesse an einer morali-

Rückkehr nach Deutschland

[1] Weitere Informationen zur künstlerischen Programmatik erhalten Sie auf S. 94.

schen Aufarbeitung der Verbrechen der Nazi-Zeit. Im Zuge einer schleichenden Restauration geht es den meisten Menschen vor allem darum, in geordneten materiellen Verhältnissen zu leben. Dieser Aufbau im Nachkriegsdeutschland ist sehr schnell von Erfolg gekrönt und hat als sogenanntes „Wirtschaftswunder" Eingang in die Geschichtsbücher gefunden. Döblin war diese rein materielle Wiederauferstehung Deutschlands aber nicht genug. Der Gründer der literarischen Zeitschrift „Das Goldene Tor" (ab 1946) strebte eine moralische, kulturelle und gesamtgesellschaftliche Erneuerung an, an der jedoch im Allgemeinen kein Interesse bestand. Seiner Arbeit wurde mit Ablehnung, oft sogar mit Feindseligkeit begegnet. Als der Mitbegründer und Vizepräsident der Mainzer Akademie der Wissenschaften und der Literatur merkt, dass seine ambitionierten Erneuerungspläne auf Widerstand stoßen, kehrt er verbittert nach Frankreich zurück. 1956 erscheint sein letzter Roman „Hamlet oder Die lange Nacht nimmt ein Ende". Ein Jahr später stirbt Döblin im südbadischen Emmendingen, er wird auf dem Friedhof in Housserars in den Vogesen beigesetzt. Seine Ehefrau Erna nimmt sich gut zwei Monate nach dem Tod ihres Ehemanns im September das Leben.

Döblins Bestrebung: moralische, kulturelle und gesamtgesellschaftliche Erneuerung; Ablehnung statt Akzeptanz der Bevölkerung

Der Moloch Stadt – Erzählgegenstand der Moderne

Döblins Roman „Berlin Alexanderplatz" ist nicht nur wegen seiner erzähltechnischen Innovationen – man denke nur an die virtuose Kombination unterschiedlichster moderner Erzählverfahren wie dem inneren Monolog oder der erlebten Rede – ein Meilenstein in der Literaturgeschichte der Moderne. Der Roman kann auch ohne Zweifel als erster deutscher Roman von Rang bezeichnet werden, in dem die Großstadt selbst zum Thema wird. Die Gattung des

Erster deutscher Stadtroman von Weltrang

Großstadtromans nimmt hier ihren Anfang. Das spezifisch Moderne an der Erzählweise Döblins wird besonders deutlich, wenn man es mit dem realistischen Schreiben Theodor Fontanes kontrastiert, das man noch als vormodern bezeichnen könnte.

Theodor Fontane und Alfred Döblin – ein Vergleich

Ein kurzer Vergleich zweier Textauszüge aus den Werken beider Autoren kann diesen fundamentalen Unterschied noch deutlicher werden lassen. Fontanes realistischer, hier als vormodern bezeichneter Roman „Effi Briest", der die unglückliche Lebensgeschichte einer jungen Frau erzählt, die an den normierenden Vorgaben einer verlogenen und traditionellen Gesellschaft scheitert, spielt in dem Dorf Hohen-Cremmen und beginnt wie folgt:

„In Front des schon seit Kurfürst Georg Wilhelm von der Familie Briest bewohnten Herrenhauses zu Hohen-Cremmen fiel heller Sonnenschein auf die mittagsstille Dorfstraße, während nach der Park- und Gartenseite hin ein rechtwinklig angebauter Seitenflügel einen breiten Schatten erst auf einen weiß und grün quadrierten Fliesengang und dann über diesen hinaus auf ein großes, in seiner Mitte mit einer Sonnenuhr und an seinem Rande mit Canna indica [rot blühendes Staudengewächs, T.S.] und Rhabarberstauden besetztes Rondell warf. Einige zwanzig Schritte weiter, in Richtung und Lage genau dem Seitenflügel entsprechend, lief eine ganz in kleinblättrigem Efeu stehende, nur an einer Stelle von einer kleinen, weiß gestrichenen Eisentür unterbrochene Kirchhofsmauer, hinter der der Hohen-Cremmener Schindelturm mit seinem blitzenden, weil neuerdings erst wieder vergoldeten Wetterhahn aufragte. Fronthaus, Seitenflügel und Kirchhofsmauer bildeten ein einen kleinen Ziergarten umschließendes Hufeisen, an dessen offener Seite man eines Teiches mit

Wassersteg und angekettetem Boot und dicht daneben einer Schaukel gewahr wurde, deren horizontal gelegtes Brett zu Häupten und Füßen an je zwei Stricken hing – die Pfosten der Balkenlage schon etwas schief stehend. Zwischen Teich und Rondell aber und die Schaukel halb versteckend standen ein paar mächtige alte Platanen."[1]

Unterschiede zu traditioneller Literatur

Der altmodisch anmutende und gemächlich dahinfließende Erzählstil Fontanes hat es bei einem genaueren Blick auf die Textdetails dieser Exposition in sich: Aus einer olympischen Erzählperspektive wird eine uralte, traditionelle Ordnung beschrieben, deren Gültigkeit weiterhin nicht infrage gestellt wird. Was dabei der gemeine und der Geschichte nicht vertraute Leser häufig überliest, ist die symbolhafte Ausgestaltung der Szenerie, von der nur der auktoriale Erzähler weiß, der den unwissenden Leser nach und nach mit erhellenden Details versorgt. So ist das genau beschriebene „Rondell" eine schicksalhafte Vorausdeutung auf den Tod Effis, denn auf eben diesem Rondell wird sich am Ende Effis Grabmal befinden. Auch der „Efeu" und die „Kirchhofsmauer" sind nicht zufällig gewählt. Symbolhaft kann man die Kirchhofsmauer als moralisch-normative Instanz verstehen, die immer – auch bereits in der späten Kindheit der jungen Frau, die hier geschildert wird – ihre Kontrolle auf die Mitglieder der Gesellschaft ausübt. Die Mauer jedoch wird vom „Efeu" in Beschlag genommen, gleichsam angegriffen, ebenso wie die erwachsene Effi sich später angesichts ihrer unglücklichen Ehe mit dem adeligen Instetten auf eine gefühlvolle, aber gesetzeswidrige Affäre mit dem Major Crampas einlässt. Selbst der vom Erzähler beschriebene „Teich" wie auch die scheinbar beiläufig erwähnte „Schaukel" erhalten ihren Sinn durch die nachfolgend geschilderte Handlung. Psychoanalytisch gedeutet stehen Gewässer häufig für eine nahende (sexuelle) Gefahr, es droht der Ertrinkungstod.

Die Stadt als Kulisse

[1] Theodor Fontane: Effi Briest, Paderborn: Schöningh [10]2009, S. 7

Genau diese Lesart wird im Verlaufe des Romans auch bestätigt, wenn Effi vom häufig hartherzigen Instetten abgestoßen und vom leidenschaftlichen Crampas angezogen wird. Die symbolhafte Auslegung der zahlreichen Textdetails ließe sich fortführen. Deutlich wird durch diesen Ausflug in die Literatur des poetischen Realismus, dass der (vormoderne) Erzähler hier allwissend und souverän von einer Welt berichtet, die noch im Lot zu sein scheint. Auch sprachlich und syntaktisch wird der vorherrschende Eindruck von Idylle, Orientierung und Ordnung vermittelt. Der Erzähler kann die erzählte Welt ganz nach seinem Gusto ausgestalten, er hält die Zügel des Erzählens in seiner Hand, er nutzt die (sozialdörfliche) Szenerie als eine Art „Anhängsel", um mithilfe von Leitmotiven bereits einige Vorausdeutungen und Andeutungen zu geben. Jedoch hält er von seinem geschützten olympischen Standort Abstand zum Erzählgegenstand, dies erscheint funktional und notwendig, um einen sinnvollen Überblick über das letztlich doch recht überschaubare Handlungsgeschehen zu behalten.
Ganz anders die Szenerie der Exposition in Döblins modernem Roman „Berlin Alexanderplatz":
„[…] Er stand an der Haltestelle. Die Strafe beginnt. Er schüttelte sich, schluckte. Er trat sich auf den Fuß. Dann nahm er einen Anlauf und saß in der Elektrischen. Mitten unter den Leuten. Los. Das war zuerst, als wenn man beim Zahnarzt sitzt, der eine Wurzel mit der Zange gepackt hat und zieht, der Schmerz wächst, der Kopf will platzen. Er drehte den Kopf zurück nach der roten Mauer, aber die Elektrische sauste mit ihm auf den Schienen weg, dann stand nur noch sein Kopf in der Richtung des Gefängnisses. Der Wagen machte eine Biegung, Bäume, Häuser traten dazwischen. Lebhafte Straßen tauchten auf, die Seestraße, Leute stiegen ein und aus. In ihm schrie es entsetzt: Achtung, Achtung, es geht los. Seine Nasenspitze vereiste, über seine Backe

schwirrte es. „Zwölf Uhr Mittagszeitung", „B.Z.", „Die neuste Illustrierte", „Die Funkstunde neu", „Noch jemand zugestiegen?" Die Schupos haben jetzt blaue Uniformen. Er stieg unbeachtet wieder aus dem Wagen, war unter Menschen. Was war denn? Nichts. Haltung, ausgehungertes Schwein, reiß dich zusammen, kriegst meine Faust zu riechen. Gewimmel, welch Gewimmel. Wie sich das bewegte. Mein Brägen hat wohl kein Schmalz mehr, der ist wohl ganz ausgetrocknet." (S. 15)

Die Stadt zeigt sich hier in ganz anderer Form als die räumliche Umgebung bei Fontane, der den dörflichen Hintergrund zur symbolischen Vorausschau auf das kommende tragische Handlungsgeschehen nutzt. Diente der dörfliche Kontext dem Dichter des poetischen Realismus noch dazu, vor seinem Hintergrund in sukzessiver Form eine Geschichte vorzubereiten und zu entfalten, so nimmt die von Döblin gewählte Räumlichkeit der Stadt eine viel bedeutsamere Rolle ein. Statt traditionell bloße Kulisse für die darzustellende Handlung zu sein, die Folie, vor der sich die Figuren als Handlungsträger in ihren individuellen Entscheidungen präsentieren, wirkt die städtische Umgebung Berlins direkt auf Döblins Protagonisten, den gerade aus der Haft entlassenen Franz Biberkopf. Dieser war im Gefängnisalltag noch den alltäglichen und immer gleichen Trott gewohnt, jetzt aber sieht er sich mit einer modernen großstädtischen Wirklichkeit konfrontiert, die ihn herausfordert. Inhaltlich wird diese Herausforderung schon allein dadurch deutlich, dass Biberkopf seinen Gang in die Straßenbahn mit einem unangenehmen Zahnarztbesuch vergleicht, bei dem eine in der Regel äußerst schmerzhafte Wurzelbehandlung vorgenommen wird. Doch die Übermacht des großstädtischen Lebens in Berlin wird vor allem erzähltechnisch deutlich gemacht: War es beim Auszug aus Fontanes Roman „Effi Briest" noch der auktoriale Erzähler, der von einem olympischen Standort souverän und linear-sukzessiv von seinem

Stadt als Herausforderung

Erzählgegenstand berichtete und nur so viel Informationen freigab, wie er es für richtig hielt, so ändert sich nun das Erzählverhalten in bedeutender Art und Weise: Zwar liegt auch in diesem Auszug – der Exposition des Romans – durchaus auktoriales Erzählverhalten vor, z. B. wenn das äußere Geschehen in Außensicht geschildert wird; der sich schüttelnde Biberkopf tritt sich selbst auf den Fuß und begibt sich wider Willen in die Straßenbahn. Während dieser Straßenbahnfahrt geschieht jedoch etwas Interessantes: Biberkopf ist offensichtlich nicht in der Lage, die Vielfalt der für ihn neuen Eindrücke adäquat zu ordnen und zu strukturieren. Er zeigt sich der Dynamik Berlins nicht gewachsen, was formal durch das Ende des auktorialen Erzählens deutlich wird: Innere Monologe („Die Schupos haben jetzt blaue Uniformen") und erlebte Rede („Was war denn?") unterbrechen in harten Schnitten den klassischen Erzählerbericht ebenso wie die Montage großstädtischer Geräusche, hier in Form von Werbeausrufen („B.Z.", „Die neuste Illustrierte"). Der auktoriale Erzähler verliert an dieser Schlüsselstelle des Romans ganz offensichtlich die Kontrolle über seinen Erzählgegenstand, der Vielfalt der visuellen und akustischen Reize der Großstadt wird er nicht mehr Herr, was auch an der sich verändernden Syntax deutlich wird. So wie Franz Biberkopf selbst wird auch der Leser durch den Wechsel von Erzählverhalten und -perspektive „in den Trubel hineingerissen" (Roland Links 1984, S. 124) und hat große Mühe, den Überblick zu behalten. Im Gegenzug ist es der ursprüngliche Erzählgegenstand selbst – die Großstadt Berlin –, der sich seiner Beherrschung durch den Erzähler entzieht, sich entgrenzt und zunehmend autonom wird. Das macht die erzähltechnische Modernität des Romans aus. Inhaltlich wird die geänderte Rolle der Stadt ebenso deutlich, denn in den Mittelpunkt des modernen Großstadtlebens rücken die immense Beschleunigung des Lebens (Straßenbahn), der Einfluss der Massenmedien (Zei-

Relativierung des auktorialen Erzählens

Modernität des Romans

tungsmontagen), später der neuen Konsum- (Kaufhäuser) beziehungsweise Vergnügungsmöglichkeiten (Kneipen). Das wilde Wuchern der städtischen Eindrücke macht deutlich, dass sich das Berlin Döblins nicht mehr damit zufriedengibt, wie noch bei Fontane als bloße Hintergrundkulisse zu dienen. Die moderne Stadt emanzipiert sich von den Menschen, sie duldet diese zwar, betont aber zugleich ihr Eigenleben, indem sie sich durch Montage, Collage, Dokumentation, Simultan- und Kinostil, inneren Monolog und erlebte Rede zeigt. Dadurch wird der Abstand zwischen Leser und Stoff deutlich verkleinert, da der Erzähler an Bedeutung verliert. Spürbar für den Leser wie für den überforderten Biberkopf als Protagonisten des Romans wird eine Unmittelbarkeit, welche der Urbanität der städtischen Lebenswelten, der Vielfalt der Reize, der neuen Kommunikations- und Verkehrsmöglichkeiten weitaus gerechter wird. Interessanterweise – und das ist durchaus als kritische Diagnose der menschlichen Lebensbedingungen der Moderne seitens Döblins zu verstehen – erscheint die Stadt im Verlaufe des Romangeschehens zunehmend autonomer. Sie gibt sich wie bereits geschildert keineswegs mehr mit der bloßen Kulissenfunktion für die Handlungsträger zufrieden, sondern wird selbst zu einem solchen. Döblin schildert – anders als noch Fontane – keineswegs, wie die Menschen sich auf den städtischen Plätzen unterhalten und sich gegenseitig Geschichten erzählen, vielmehr versieht er die Stadt mit humanen Merkmalen und setzt sie in Freiheit von denen, die sie erbaut haben: „Der Rosenthaler Platz unterhält sich." (S. 51) Gerade diese berühmte Textstelle zu Beginn des zweiten Buches macht deutlich, dass der Erzähler zumindest für eine bestimmte Sequenz aufgibt, kapituliert. Er gibt die Zügel des Erzählens aus seiner Hand in die der Stadt selbst. Diese kann allerdings keineswegs so geordnet, linear und chronologisch erzählen wie der sich anfangs noch auktorial zeigende Erzähler, im Gegenteil montiert sie

Neue Erzähltechniken

scheinbar ungeordnet einzelne Ausschnitte zu einem Ganzen, das dem Menschen gegenübertritt und ihn in seinem Chaos überfordert. Piktogramme von Gaswerken, Tiefbau, Feuerlösch- und Gesundheitswesen (vgl. S. 49f.) kommen hier ebenso zu ihrem Recht wie der Fahrplan der elektrischen Straßenbahn Nr. 68 (vgl. S. 52), die Stimmen von Fruchtbranntweinverkäufern (vgl. ebd.) lösen zufällig belauschte Unterhaltungen und Gesprächsfetzen beliebiger Menschen ab. Kneipengespräche, Todesanzeigen, Kurzbiografien stehen hier übergangs- und kommentarlos nebeneinander. Die Stadt hat sich ihr eigenes Zeichensystem geschaffen, sie hängt nicht mehr ab von der Funktionalisierung durch ihre Erbauer, die Menschen. Diesen steht sie zunehmend gleichgültig gegenüber, und zwar je offensichtlicher es ihr gelingt, zu einem eigenen, aus sich selbst heraus wirksamen Organismus zu werden. Dieses Bild von dem Berlin Döblins als einem funktionalen Organismus ist in der Literaturwissenschaft vielfach bedient worden. Um es zu verstehen, sollte man sich Berlin aber nicht als ähnlich harmonisch gestalteten Organismus wie den des Menschen vorstellen. Denn wenn der Autor hier durch seine erzählerischen Montagen Zeitungsmeldungen neben Todesanzeigen, Fahrpläne neben Beamtenpiktogramme stellt, dann wird der Bezug, den diese Details zueinander haben, nicht deutlich. Das ist auch so beabsichtigt, wie der Literaturwissenschaftler H. Kesten meint, wenn er davon spricht, dass Döblin wie ein Maurer vorgehe, „der immer hin- und hergeht mit Steinen, aber Mörtel tut er keinen dazwischen"[1]. Die Bruchstellen zwischen den einzelnen Wirklichkeitsfragmenten werden nicht durch z. B. chronologisch verlaufende Erläuterungen seitens eines Erzählers geglättet, sondern sie bleiben erhalten. Damit ist der Leser vor eine ungleich

Eigenes Zeichensystem der Stadt

[1] Hermann Kesten: Verboten und verbrannt. Berlin/München 1947, S. 110

Neue Aufgabe für den Leser

schwierigere Aufgabe gestellt, denn nun muss er die Aufgabe des ehemals auktorialen Erzählers übernehmen und dem chaotischen Ganzen Sinn zuschreiben.

Das Symbol der Dampframme

Macht der Stadt …

Die offensichtliche Autonomie der Stadt, ihre erzählerische Befreiung aus der ihr bis dato zugewiesenen Funktion, korrespondiert mit der Ohnmacht der in ihr lebenden Menschen. Diesen misslingt es zunehmend, das Chaos der Großstadt zu ordnen. Dem einzelnen Menschen wird im Berlin Döblins nur noch eine Rolle unter vielen zugewiesen, er ist nicht mehr wert als das Dröhnen der Straßenbahnen oder das ohrenbetäubende Hämmern der Dampframme auf der Baustelle. Damit geht auch die Vorstellung von der Einzigartigkeit und Individualität der Person verloren. Ein genauerer Blick auf die Baustelle am Alexanderplatz verdeutlicht diese fundamentale Wandlung im Selbstverständnis des Menschen. Denn Döblin lässt den allgemein akzeptierten Vertreter staatlicher Ordnungsmacht – die Polizei – in eindeutiger Weise seiner Arbeit nachgehen. Zwar heißt es „Die Schupo beherrscht gewaltig den Platz" (S. 167) und der naive Leser könnte hier von der weiterhin vorhandenen Autonomie und Herrschaft staatlich-menschlicher Gewalt ausgehen. Doch schon im übernächsten Satz erfolgt die Desillusionierung: „Jedes Exemplar [Hervorhebung T.S.] wirft Kennerblicke nach zwei Seiten […]." Menschliches Leben wird hier zur Sache, verdinglicht, entpersonalisiert: „Scharf ist der Schupo auf Taille gearbeitet." (ebd.) Lebende Maschinen stehen Menschen gegenüber, die „alle aufzuzählen und ihr Schicksal zu beschreiben" schwer möglich ist, „es könnte nur bei einigen gelingen" (ebd.). So geht der einzelne Mensch in der Masse unter, das Dröhnen der Dampframme übertönt seine Äußerung, die Maschine entindividualisiert und anonymisiert ihn. Zur Sache verdinglicht, kann sich der Mensch der Gewalt der

… Ohnmacht ihrer Bewohner

Verdinglichung der Menschen

Stadt nicht mehr erwehren. Damit ist Biberkopfs Geschichte die eines Menschen, der verzweifelt versucht, Herr über seine eigene Geschichte, seine Biografie zu werden. Da die Stadt sich darum jedoch nicht kümmert, findet er keinen Raum für die Entfaltung seiner Identität. Orientierungslosigkeit und Sinnkrisen sind die zwangsläufige Folge.

Erschwerend kommt hinzu, dass der Einzelne Opfer von städtischer Gewalt wird. Symbolisiert wird die alltäglich werdende Gewalt durch das Bild der Dampframme, einer in der Regel durch Dampf angetriebenen Maschine, mit deren Hilfe man Gegenstände verformen oder zerstören kann, indem man die Ramme mit dem Gegenstand zusammenstoßen lässt.

Mensch als Opfer städtischer Gewalt

In Döblins Roman „Berlin Alexanderplatz" aber kommt der Dampframme eine besondere Bedeutung zu, sie ist weit mehr als eine dem Zeitalter der Industrialisierung entstandene Mega-Maschine, die große Anziehungskraft auf die Menschen Berlins ausübt. Sie ist Sinnbild für eine dumpfe, mechanische, sich eigenständig kontrollierende Gewalt und versinnbildlicht ein vertauschtes Rollenverhältnis von Mensch und Maschine: „Rumm rumm haut die Dampframme auf dem Alexanderplatz. Viele Menschen haben Zeit und gucken sich an, wie die Ramme haut. Ein Mann oben zieht immer eine Kette, dann pafft es oben, und ratz hat die Stange eins auf den Kopf. Da stehen die Männer und Frauen und besonders die Jungens und freuen sich, wie das geschmiert geht: ratz kriegt die Stange eins auf den Kopf. […] Zuletzt ist sie weg, Donnerwetter, die haben sie fein eingepökelt, man zieht befriedigt ab." (S. 165)

Sinnbild der Dampframme

Das Symbol des Schlachthofs

Man könnte die „Dampframme-Sequenz" als Beispiel blind-naiver Technikbegeisterung der Menschen abtun, wenn nicht eine Wortfeldanalyse der Dampframmen-Episode die leitmotivische Nähe zu Biberkopf selbst verdeutlichen wür-

Wortfeldanalyse

de: Es dominiert eindeutig ein Wortfeld der Gewalt und Aggression, das der Leser bereits aus der vorangegangenen Schlachthof-Sequenz kennt, da wird gehauen, geratscht, gewuchtet, geschlagen und gelegen. Das Niederschlagen der Ramme auf die Schienen am Alexanderplatz steht in engstem symbolischem Zusammenhang mit den technisch perfektionierten, massenhaften und für die Großstadt äußerst funktionalen Tierschlachtungen. Eingeleitet wird dieses für das Romanverständnis zentrale Kapitel der „Schlachthof-Sequenz" mit der Überschrift „Denn es geht dem Menschen wie dem Vieh; wie dies stirbt, so stirbt er auch" (S. 136). Was folgt, ist die überaus genaue, detaillierte Schilderung von Schlachtungen im modernen Großschlachthof Berlins.

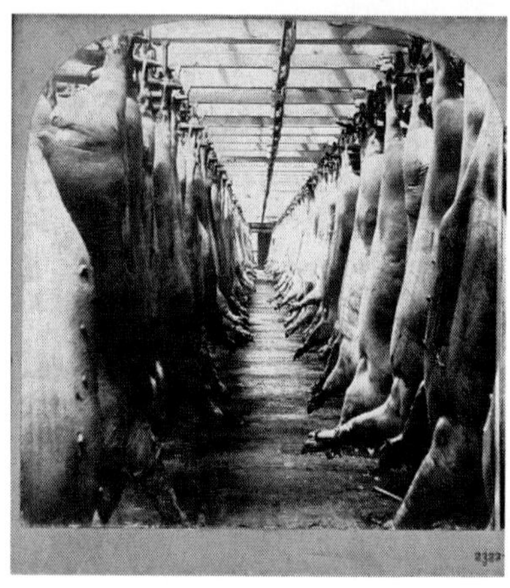

Schlachthof

Tier – Mensch: Vergleich

Anonymisiert geht das einzelne Tier in der großen Masse unter, gleichwohl wird es aufgefordert, das Verhalten der Menschen zu verstehen; sarkastisch wird der Vorgang der Tötung als notwendige „Verwaltungsangelegenheit" (S. 139) bezeichnet. Zentral für das Verständnis dieser Episode ist die Schilderung des Verhaltens eines Stieres. Die Wahl des Stieres ist nicht zufällig, schließlich wird auch Biberkopf an mehreren Stellen des Romans als Stier oder Ochse bezeichnet. Besagter Stier gibt – nach anfänglichem Widerstand – nach und willigt in sein Schicksal ein: „Das Tier steht, gibt nach, sonderbar leicht gibt es nach, als wäre es einverstanden und willige nun ein, nachdem es alles gesehn hat und weiß: das ist sein Schicksal, und es kann doch nichts machen." (S. 141) Der Schlächter tritt nun hinter das Tier: „Blick dich nicht um. Der Hammer, von dem starken

Mann mit beiden Fäusten aufgehoben, ist hinter ihm, über ihm und dann: wumm herunter." (ebd.) Erbarmungslos werden nun alle Details der Schlachtung – das Ausbluten, das Schlitzen der Messer, das Ausnehmen – geschildert, bis das verarbeitete Tier weitergereicht wird. Geleitet durch die Überschrift, die eine Parallelisierung zwischen Mensch und Tier suggeriert, und die Erinnerung daran, dass Biberkopfs blindes Verhalten im Laufe des Romans öfter als tierisch („Ochse") tituliert wird, gewinnt die Sequenz noch mehr an Tiefe, wenn ihr Zusammenhang mit den Bauarbeiten am Alexanderplatz, insbesondere mit der Schilderung des Vorgehens der Dampframme, gesehen wird: Denn die Stange, die auf der Baustelle des Alexanderplatzes in den Boden gerammt wird, wird nicht etwa bloß hineingerammt, vielmehr heißt es von ihr, sie sei „fein eingepökelt" (S. 165). Das abzureißende Kaufhaus Hahn wird nicht nur „leergemacht", sondern zugleich noch „ausgeräumt und ausgeweidet" (S. 167), womit die semantische Ähnlichkeit zur Stierschlachtung offensichtlich ist. Auch der bloße Vorgang des In-den-Boden-Treibens der Stangen durch die gewaltige Dampframme ähnelt in frappierender Weise der Schlachtung, sodass ein Zufall ausgeschlossen werden kann. Entscheidend für das Verständnis ist nun die offensichtliche Erkenntnis, dass Biberkopfs Verhalten dem der Tiere gleicht. Ähnlich schicksalsgläubig wie das Schlachtvieh nimmt er sein vermeintliches Schicksal an und macht sich „steif" (S. 134), ein Indiz für die fehlende Bereitschaft des Anti-Helden, sich zu verändern und sich den neuen Gegebenheiten in der Freiheit anzupassen. Ohne Widerstand und scheinbar wehrlos ergibt sich Döblins Protagonist spätestens nach dem zweiten Schlag in sein Schicksal, sein Verhalten gleicht dem triebhaften, von Gleichgültigkeit geprägten Verhalten des Stieres, was ihm sogar explizit deutlich gemacht wird: „‚Du bist ein Ochse, du weeßt ja gar nischt von der Welt, du hast keene Oogen.'" (S. 371)

Bauarbeiten am Alexanderplatz – semantische Ähnlichkeit zur Stierschlachtung

Vergleich: Biberkopf – Stier

Blindheit des Anti-Helden

Diese Deutung hat angesichts des naiven, gutgläubigen und überaus leichtsinnigen Verhaltens Biberkopfs durchaus seine Berechtigung, schließlich sucht er sich trotz eindeutiger Warnungen die falschen Freunde, erkennt zu spät das Vorgehen der Pums-Bande und hält ausgerechnet Reinhold, dem es um die Vernichtung Biberkopfs geht, für seinen besten Freund. Biberkopf scheint ähnlich betäubt zu sein wie das Vieh, seine Ignoranz ähnelt der banalen Hilflosigkeit der Schlachttiere.

Dennoch kann dieser Deutungsstrang nicht bis zum Romanende aufrechterhalten werden. Denn der Biberkopf am Ende ist ein anderer als zu Beginn. Es sind vor allem die Dialoge mit dem Tod, die Biberkopf dazu bringen, sein Leben nicht als unentrinnbares Verhängnis zu begreifen, sondern als aktiv ausgestaltbar. Möglich ist dies aufgrund der unterschiedlichen Voraussetzungen von Menschen und Tieren: Der Mensch ist mit Analyse- und Reflexionsfähigkeit ausgestattet, er kann über sein eigenes Handeln, seine Endlichkeit nachdenken im Gegensatz zum Triebwesen Tier. Als Biberkopf unter dem Druck des Todes seine eigene Blindheit erkennt („‚Blind bist du gewesen und frech dazu, hochnäsig, der Herr Biberkopf aus dem feinen Viertel, und die Welt soll sein, wie er will.'", S. 433), er den „Grips zusammennehmen" (ebd.) kann, macht er den entscheidenden Schritt hin zu seiner Rettung. Er hat damit die Möglichkeiten, die ihm als Mensch gegeben sind und die ihn von den Tieren unterscheiden, genutzt: „Dem Mensch ist gegeben die Vernunft, die Ochsen bilden statt dessen eine Zunft." (S. 454) Trotz aller Gewalt, der der moderne Mensch im Kontext der anonymen Großstadt ausgesetzt ist, erscheint hier am Ende des Romans doch noch ein wenig Hoffnung auf Selbstverwirklichung und auf die Wiedergewinnung personaler Autonomie.

Unterschiede zwischen Mensch und Tier

Intertextualität – Mythos und Religion

In Döblins Roman tauchen eine Vielzahl von religiös-mythischen Verweisen auf. Sie unterbrechen die Biberkopf-Handlung, kommentieren diese und betten sie in einen größeren, umfassenderen Rahmen. Wenn die an sich banale Lebensgeschichte eines Kleinkriminellen wie Franz Biberkopf mit der bekannten alttestamentarischen Geschichte des Hiob verglichen wird, dann gewinnt die auf den ersten Blick unbedeutende Geschichte an Bedeutung, sie wird aufgewertet. Und ohne den einzelnen, vom Autor montierten Bibelparaphrasen Gewalt anzutun, lässt sich diese Deutung doch verallgemeinern: Sie alle dienen Döblin dazu, aus dem Einzelschicksal eines einfach gestrickten Menschen eine exemplarische Geschichte zu stricken, die grundsätzliche Bedeutung für jeden Menschen gewinnen soll. Indem der Erzähler einen mythologischen Rahmen baut, entindividualisiert er seinen Protagonisten und verweist auf den überindividuellen Gehalt seiner Geschichte. Angesichts der Vielfalt an intertextuellen Verweisen ist an dieser Stelle nur eine Analyse der zentralsten Parallelgeschichten und Montagen möglich, die Darstellung konzentriert sich daher auf die Hiob-Paraphrase, auf die immer wieder auftauchenden Paradies-Geschichten, die Geschichte von Abraham und Isaak im sechsten Buch sowie den Zweikampf zwischen der Hure Babylon und dem Schnitter Tod.

Funktion: Exemplarität der Geschichte

Hiob

Im Buch Hiob am Ende des Alten Testaments (AT) geht es um Hiob, einen wohlhabenden und gottesfürchtigen Landwirt, der zum Spielball einer auf den ersten Blick grotesken Wette zwischen den Mächten der Welt wird: Der gefallene Engel Satan wettet mit Gott, dass es ihm gelinge,

Inhaltsangabe

Hiob so zu versuchen, dass dieser Gott verfluchen werde. Er will damit beweisen, dass Hiob nur deshalb ein gottesfürchtiger Mensch sei, da es ihm so gut gehe. Gott nimmt die Wette an, da er sich sicher ist, dass Hiob ihm in jedem Fall die Treue halten wird. Alle Söhne und Töchter Hiobs sterben, auch sein Vieh und seinen Reichtum verliert er. Hiob selbst wird von schmerzhaften Geschwüren heimgesucht. Da er trotz aller Zweifel und im Angesicht immer neuer „Hiobsbotschaften" seinen Glauben an die Gerechtigkeit Gottes beibehält, muss der Satan seine Niederlage eingestehen. Zum Dank macht Gott dem treuen Hiob eine neue Familie zum Geschenk und segnet ihn mit mehr Wohlstand als zuvor. So weit die biblische Urerzählung. Die Frage ist nun, welche Bedeutung die Erwähnung der Hiob-Geschichte in Döblins Roman hat.

Unterschiede und Ähnlichkeiten mit Biberkopf

Die Inhaltsangabe stößt den Leser auf den ersten Blick auf die Unterschiede zwischen Biberkopf und Hiob: Zwar erleben beide ein großes Unglück, doch ist gleich offensichtlich, dass Biberkopfs Leiden deutlich geringere Ausmaße annimmt als das Schicksal Hiobs. Von dieser Parallele, dem Erleben eines Unglückes, abgesehen, unterscheiden sich beide Figuren jedoch, vor allem mit Blick auf die Ausgangssituation, denn Hiob ist – anders als der am unteren Rand der Gesellschaft vagabundierende Biberkopf – ein reicher und wohlhabender Mann. Während Biberkopfs Verhalten jähzornig und gewalttägig anmutet, wird Hiob als fromm und rechtschaffen beschrieben. Doch trotz dieser Unterschiede muss der Erzähler in beiden Figuren deutliche Ähnlichkeiten sehen, denn anders ist das häufige Zitieren der Hiob-Geschichte nicht zu erklären. Worin besteht also die Gemeinsamkeit zwischen Döblins Protagonisten und dem biblischen Hiob? Offensichtlich spielt die Theologie der Geschichte keine weitere Rolle, vielmehr scheint es um die Verhaltensweise zu gehen, mit der beide Figuren ihrem Schicksal gegenübertreten: So wie Biberkopf nicht nachvollziehen kann, dass er trotz seiner guten Vorsätze vom Schicksal gebeutelt wird (1. Schlag), so formuliert auch der aus seiner Sicht fehlerlose Hiob seine Kritik an der Ungerechtigkeit Gottes: „So merkt doch einmal, dass mir Gott unrecht tut und hat mich mit seinem Jagdstrick umgeben. […] ich rufe, und es ist kein Recht da." (Hiob 19,6f.) Wie wild geworden weigert Biberkopf sich anfangs, nach seiner persönlicher Verantwortung zu fragen: „‚[…] alle wollen dir helfen, […], aber du willst nicht.'" […] „‚Nein, nein'", lallte, brüllte Hiob und warf sich. Er schrie die ganze Nacht." (S. 146) Doch das Schreien und Hadern Hiobs hat offenbar heilende Wirkung, denn gegen Morgen „fiel Hiob auf das Gesicht. Stumm lag Hiob. An diesem Tag heilten seine ersten Geschwüre" (ebd.). Diese Wandlung Hiobs macht den entscheidenden Unterschied in der Beziehung zwischen der biblischen Figur und Biberkopf aus, denn jetzt ist Hiob doch bereit, Gottes Allmacht sowie sein eigenes Fehlen, das in seinem Unvermögen besteht, Gottes Denken zu durchschauen, anzuerkennen. Seine Demutsgeste – er fällt stumm auf sein Gesicht und beendet das Lamentieren – ist die Voraussetzung seiner Heilung. Diese Entscheidung Hiobs, sein Einsehen in die eigene Ohnmacht und Unwissenheit, kontrastiert deutlich mit dem Verhalten Biberkopfs. Denn auch dieser ist ja anfangs stark von sich und seinen guten Vorsätzen überzeugt. Seine ihn nach seiner Entlassung aus dem Gefängnis leitende Prämisse „‚Anständig bleiben und for sich bleiben. Das ist mein Wort.'" (S. 66) hält er auch dann noch aufrecht, als er längst merken müsste, dass sie in die Irre führt, denn seine wenigen Freunde merken sehr wohl, dass Biberkopf durch seine Nähe zu Reinhold und der Pums-Bande auf die schiefe Bahn gezogen wird, und bieten ihm daher ihre Hilfe an. In der radikalen Ablehnung dieser Hilfe, in seiner Ich-Bezogenheit und Asozialität besteht Biberkopfs größter Fehler, der zu allen drei Schlägen führt. Im biblischen Sinne besteht seine

Hiob zeigt Demut, Biberkopf nicht

„Sünde" darin, seinen ihm angebotenen Platz in der Gesellschaft nicht anzunehmen und auf diese Weise zu einem asozialen Wesen zu werden. Während Hiob lamentiert, aber am Ende Einsicht zeigt, gibt Biberkopf selbstgerecht an und hält sich für den Größten: „‚[Franz Biberkopf] fürchtet sich vor nichts. Ich hab Fäuste. Sieh mal, was ich für Muskeln habe.'" (S. 162) Erst als Biberkopf am Romanende seine persönliche Schuld eingesteht und die Demut zeigt, die auch Hiob auszeichnet, wird er gerettet und vom Schnitter Tod in Sicherheit gebracht vor der bösen Hure Babylon, die Biberkopf zu vernichten droht: „Ick seh es, es war ja falsch. Was hab ich alles gemacht. [...] Ick hab nicht gesiegt, ick weeß es." (S. 438f.)

Einsicht erst am Romanende

Paradies-Geschichten

Inhaltsangabe

In enger Verbindung zur Hiob-Paraphrase des Romans stehen die an mehreren Stellen auftauchenden Paradies-Geschichten, denen eine leitmotivische Bedeutung zukommt. Diese beziehen sich auf die im Buch Genesis 2 und 3 des Alten Testaments stehende Ur-Geschichte von den ersten Menschen Adam und Eva und ihrem sorgen- und arbeitsfreien Leben im Garten Eden. Erst als beide das Verbot Gottes missachten und auf die sie versuchende Schlange – eine mythologische Verkörperung des satanischen Bösen – hören, endet das unbeschwerte Leben im Paradies. Beide kosten von einer Frucht des Baumes der Erkenntnis, sie kennen nun den Unterschied zwischen Gut und Böse, müssen jedoch infolge des Gesetzesverstoßes den Garten Eden verlassen und von nun an hart für ihr Überleben arbeiten: „So ist verflucht der Ackerboden deinetwegen. Unter Mühsal wirst du von ihm essen alle Tage deines Lebens. Dornen und Disteln lässt er dir wachsen, und die Pflanzen des Feldes musst du essen. Im Schweiße deines Angesichts sollst du dein Brot essen [...]." (Genesis 3,17f.)

Bildliche Darstellung des Sündenfalls (Gemälde von Lucas Cranach, um 1546)

Bedeutung und Transfer auf die Romanhandlung

Ähnlich wie bei der Hiob-Geschichte ist auch hier zu fragen, welche Bedeutung die Paradies-Geschichten für die Handlung des Romans haben. Offensichtlich scheint Biberkopf nach seiner Zeit im Gefängnis der Meinung zu sein, dass sein Leben in Berlin dem Adams und Evas vor dem Sündenfall gleiche. Es kommt ihm so vor, als sei alles für ihn gemacht und diene seiner Selbstverwirklichung. Biberkopf setzt sich selbst in den Mittelpunkt der Welt und feiert nach anfänglichen Verängstigungen sein paradiesisches Leben auf naive Art und Weise: „Mit den Händchen klapp, klapp, klapp, mit den Füßchen trapp, trapp, trapp, einmal hin, einmal her, ringsherum, es ist nicht schwer." (S. 49) Diese von ihm als natürlich angesehene und auf ihn als Einzelperson scheinbar zugeschnittene paradiesische Ordnung sieht Biberkopf mehrfach bedroht; er wehrt sich gegen ihren Verlust, denn „Ordnung muß im Paradiese sein" (S. 82).

Fehldeutung Biberkopfs

Dass sein Leben wohl eher dem Adams und Evas nach der Vertreibung aus dem Paradies gleicht, kommt ihm nicht in den Sinn, denn schließlich hält er sich für unschuldig. Die drei Schläge, die er im Laufe der Romanhandlung erhält, sind für ihn nicht zwangsläufige Folge des eigenen Fehlverhaltens, sondern Ausdruck der Ungerechtigkeit der Welt. Anders als Adam und Eva, die für ihren Fehltritt büßen und den Garten Eden verlassen müssen, wähnt er sich in paradiesischer Ruhe, schließlich hat er – wenigstens bis nach Erhalt des zweiten Schlages – der Versuchung nicht nachgegeben und ein anständiges Leben zu führen versucht. Zumindestens bekommt Biberkopf mit, dass sein Paradies bedroht ist: „Eine Schlange, Schlange, Schlange steckte den Kopf vor, eine Schlange lebte im Paradiese, und die war listiger als alle Tiere des Feldes, und fing an zu sprechen, zu Adam und Eva zu sprechen." (S. 111) Spätestens mit Biberkopfs Entscheidung nach dem zweiten Schlag, ein unehrliches Leben als Zuhälter („Lude") und kriminelles Mitglied der Pums-Bande zu führen, ist auch seine Austreibung aus dem Paradies vollzogen. Doch anders als die von Gott zu harter Arbeit verdammten Adam und Eva verweigert Biberkopf gerade diese Arbeit. Als Zuhälter lässt er andere für sich arbeiten und nutzt diejenige, die ihn liebt, aus, um so seine banalen materiellen Wünsche zu befriedigen.

Erkenntnis: „Berlin ist nicht der Garten Eden"

Erst am Ende im Zwiegespräch mit dem Schnitter Tod wird ihm bewusst, dass die Grundannahme, die Welt sei für ihn geschaffen und alles müsse sich nach seinen Vorstellungen richten, falsch war. Die Ordnung der modernen Welt ähnelt eher dem Leben der ersten Menschen nach dem Sündenfall, sie ist voller Fehler und fordert den Einzelnen auf, sich zu integrieren und seinen Platz in der Gemeinschaft zu finden. Damit ist klar, dass der biblische Mythos vom Paradies und das moderne Leben Biberkopfs im Berlin des 20. Jahrhunderts in einem Gegensatz zueinander stehen. In dieser Gegensätzlichkeit sollen dem Leser die Merkmale des komplexen und schuldbehafteten Lebens in der Moderne deutlich werden.

Beispiel für das Leben in der Moderne

Abraham und Isaak

Inhaltsangabe

Auch das Zitieren der alttestamentarischen Geschichte von Abraham und Isaak im sechsten Buch des Romans (vgl. S. 284 f.) steht in einem ähnlichen Kontext. In diesem verstörenden biblischen Mythos testet Gott den Glauben des Erzvaters Abraham, indem er ihn auffordert, ihm seinen einzigen Sohn Isaak wie ein Schlachtvieh zu opfern und auf diese Weise seine unhinterfragbare Treue zu Gott

Abraham opfert Isaak (Gemälde von Michelangelo Caravaggio)

zu versichern: „Nimm deinen Sohn, deinen einzigen, den du liebst, Isaak, geh in das Land Morija, und bring ihn dort auf einen der Berge, den ich dir nenne, als Brandopfer dar." (Genesis 22,2)

Erstaunlicherweise akzeptiert der gottesfürchtige Abraham die ungeheuerliche Forderung des Herrn, erst im letzten Moment kurz vor der Opferung Isaaks interveniert Gott: „Streck deine Hand nicht gegen den Knaben aus, und tu ihm nichts zuleide. Denn jetzt weiß ich, dass du Gott fürchtest; du hast mir deinen einzigen Sohn nicht vorenthalten." (Genesis 22,12) Bringt man diese Urerzählung nun in Zusammenhang mit der Biberkopf-Handlung des Romans, stellt man eine veränderte Akzentuierung fest. Geht es nämlich in der biblischen Vorlage vor allem darum, dass Abraham seinem Gott gehorsam folgt und ihm bedingungslos vertraut, wird der Fokus bei Döblin auf den in der biblischen Erzählung eher vernachlässigten Isaak gewendet. Denn dieser ist wider Erwarten bereit, sein Leben für das Anliegen seines Vaters bzw. Gottes zu geben: „Ich hab keine Furcht, ich tue es gern. Bergauf, bergab, die lange Täler da setz das Messer, schneid zu, ich werde nicht schreien. Und der Sohn legt den Hals zurück, der Vater tritt hinter ihn, drückt ihm auf die Stirn, mit der Rechten führt er das Schlachtmesser vor. Der Sohn will es. Der Herr ruft. Sie fallen beide auf das Gesicht." (S. 285) Gerade in dieser Geste des Niederfallens und Sich-Unterwerfens vor Gott wird die Nähe zur Hiob-Geschichte deutlich. Denn auch Hiob wird erst erlöst, als er seine Unwissenheit über die allmächtigen Pläne Gottes akzeptiert und sich stumm auf den Boden wirft, an „diesem Tag heilten seine ersten Geschwüre" (S. 146). Es ist in beiden biblischen Erzählungen diese Einverständnis erklärende Geste, die als Voraussetzung für die Rettung Isaaks beziehungsweise für die Heilung und Erneuerung Hiobs gelten kann. Beide müssen an einen Punkt gelangen, an dem sie sich nicht mehr verteidigen, nicht

Transfer auf Biberkopf-Handlung

Einsicht als Voraussetzung zur Rettung

mehr auf ihrer Unschuld beharren und gegen den Verlauf ihres Lebens ankämpfen. Sowohl Isaak als auch Hiob akzeptieren, dass es etwas Größeres gibt als sie selbst und dass sie dessen Pläne mitunter nicht verstehen, nachvollziehen können. Darin unterscheiden sie sich wesentlich von Franz Biberkopf, dessen Weltbild als anthropozentrisch gedeutet werden kann. Er selbst stellt sich in den Mittelpunkt seiner Welt und zweifelt nicht an seiner Unschuld. Biberkopf „gibt nicht nach, dem läßt es keine Ruhe, der fragt nach Gott und die Welt nicht, als wenn der Mensch besoffen ist" (S. 313). Wenn Isaak und Hiob ihr Schicksal akzeptieren, heißt es von Döblins Protagonisten: „[...] er will nicht, er wehrt sich [...]" (S. 314), will sich permanent beweisen und verteidigen. In der Darstellung der vorbildlichen Verhaltensweisen Isaaks und Hiobs wird also indirekte Kritik an der Ich-Zentrierung und dem falschen Egoismus Biberkopfs geübt, zugleich wird sein individuelles Leben durch den Bezug zum (biblischen) Mythos in einen größeren Zusammenhang gestellt, es wird verallgemeinert und exemplarisch.

Egozentrik Biberkopfs

Verallgemeinerung des Einzelschicksals

Hure Babylon und Schnitter Tod

Von großer Bedeutung steht in diesem Zusammenhang auch das Auftauchen des Schnitters Tod und der Hure Babylon. Beide mythisch-religiösen Figuren tauchen an mehreren Schlüsselstellen des Romans auf, sie kommentieren das Verhalten Biberkopfs und greifen am Ende selbst in das Handlungsgeschehen ein. Die mythologische Figur der Hure Babylon hat Döblin aus dem Neuen Testament der christlichen Bibel übernommen, sie spielt eine wichtige Rolle in der Offenbarung des Johannes, in der es um die Apokalypse, das Ende der Welt, geht. Da heißt es: „Und es kam einer von den sieben Engeln, die die sieben Schalen hatten, redete mit mir und sprach zu mir: Komm, ich will dir zeigen das Urteil der großen Hure, die da an vielen Was-

Offenbarung des Johannes

sern sitzt; mit welcher gehurt haben die Könige auf Erden, und die da wohnen auf Erden, sind trunken worden von dem Wein ihrer Hurerei. Und er brachte mich im Geist in die Wüste. Und ich sah ein Weib sitzen auf einem scharlachfarbnen Tier, das war voll Namen der Lästerung und hatte sieben Häupter und zehn Hörner. Und das Weib war bekleidet mit Purpur und Scharlach und übergoldet mit Gold und edlen Steinen und Perlen und hatte einen goldenen Becher in der Hand, voll Gräuel und Unsauberkeit ihrer Hurerei; und an ihrer Stirn geschrieben einen Namen, ein Geheimnis: Die große Babylon, die Mutter der Hurerei und aller Gräuel auf Erden. Und ich sah das Weib trunken von dem Blut der Heiligen und von dem Blut der Zeugen Jesu." (Offenbarung 17,1–6) Die zitierte Bibelstelle macht deutlich, welche Funktion der Hure Babylon zukommt. Johannes nutzt sie, um die Gründe für die Vernichtung der Welt darzulegen; diese liegen in der Abwendung von den Geboten Gottes, in Hurerei, Trunkenheit, Vergnügungs- und Konsumsucht sowie gottesverachtendem Verhalten (Lästerei). Döblin übernimmt das neutestamentliche, durch und durch negative Bild der Hure Babylon ohne große Abwandlungen: „Es ist ein Weib, bekleidet mit Purpur und Scharlach und übergüldet mit edlen Steinen und Perlen und hat einen goldenen Becher auf der Hand. Sie lacht. An ihrer Stirn steht ihr Name geschrieben, ein Geheimnis, die große Babylon, die Mutter der Hurerei und aller Greuel auf Erden. Sie hat das Blut des Heiligen getrunken, vom Blut der Heiligen ist sie trunken." (S. 253) Wichtig für die Deutung der Figur im Romankontext ist der Zeitpunkt ihres Auftretens, denn relevant wird sie erst nach dem zweiten Schlag, dem Unfall Biberkopfs und dem daraus resultierenden Verlust seines Arms. Das Auftauchen der für Versuchung, Laster und Verbrechen in der Großstadt stehenden mythischen Figur an dieser Schlüsselstelle der Biografie Biberkopfs ist nicht zufällig, denn bis dato hat Bi-

Biblische Funktion der Hure Babylon

Erstes Auftreten der Hure Babylon

berkopf trotz einiger Rückschläge – man denke nur an den ersten Schlag, den Betrug durch Lüders – an seinem Plan, anständig zu bleiben, festgehalten. Eigentlich wäre der Verlust seines Armes ein solch einschneidendes Erlebnis, dass Biberkopf sich die Frage nach den Gründen für sein Scheitern stellen sollte. Doch dazu kommt es nicht. Stattdessen entscheidet er sich, den Versuchungen der Großstadt nachzugeben, denn es „war etwas Neues, Wütendes in ihm" (S. 240).

Einfluss der Hure Babylon auf Biberkopf

Der äußere Glanz der Hure Babylon – symbolisiert durch den Scharlach, Purpur, durch edle Perlen und Steine – macht so großen Eindruck auf Biberkopf, dass er nun selbst mehr Wert auf sein eigenes Äußeres legt. Statt sich innerlich zu verändern, wandelt er sich bloß äußerlich und „verkleidet" sich wie ein feiner Mann. Damit korrespondiert seine nun beginnende kriminelle Karriere als Hehler und Zuhälter, die regelmäßig von der Hure Babylon begleitet und wohlwollend kommentiert wird. Beispielhaft deutlich wird diese sich mehrfach wiederholende Grundstruktur, als Biberkopf seine neuen, veränderten Lebenspläne veröffentlicht: „Und das will Franz. Durchaus will er das. Er will auf eigenen Beinen stehen. Was rasch Geld bringt, will er. Arbeiten, Quatsch. […] Geld her, Geld verdient, Geld braucht der Mensch. Jetzt seht ihr Franz Biberkopf als einen Hehler, einen Verbrecher, der andere Mensch hat einen andern Beruf, er wird bald noch schlimmer werden." (S. 253) Und genau an dieser Schlüsselstelle taucht die Hure Babylon auf und „lacht" (ebd.). Dadurch wird deutlich, dass sie den neuen, kriminellen, vergnügungssüchtigen Weg Biberkopfs nicht nur gutheißt, sondern ihn sogar intendiert. Dass dieser Weg in den Abgrund führen und die Vernichtung Biberkopfs zur Folge haben wird, daran lässt der Erzähler keinen Zweifel, denn die Biberkopf nun betreuende Hure Babylon „kommt aus dem Abgrund und führt in die Verdammnis" (S. 291). Sie ist der

Vergnügungssucht

Hure Babylon als Antagonistin

Antagonist, das verneinende Prinzip, das die Egozentrik und Hybris (Selbstüberschätzung) Biberkopfs fördert und fordert. Sie lockt den innerlich zerrütteten und moralisch desorientierten Biberkopf, indem sie ihm die materialistischen Chancen, die ihm die Großstadt Berlin bietet, vor Augen führt: „Und nun komm her, du, komm, ich will dir etwas zeigen." (S. 237) Dieser Versuchung kann der vom zweiten Schlag niederliegende Biberkopf nicht widerstehen, er gibt ihr nach und überlässt sich der vergnügungssüchtigen Hure Babylon mit Haut und Haar; er wird zu einem sattem Geschöpf, „dem nichts fehlt, nichts am Essen, Trinken, nichts an der Kleidung" (S. 264). Dafür hat die Hure Babylon, allegorisch deutbar als Personifikation des Bösen, selbst nur Spott übrig. Sie lacht, „[j]eder Schritt von dir [F. B.] freut sie" (S. 291). Denn sie weiß, dass der von Biberkopf eingeschlagene Weg nur ins Scheitern führen kann, womit sich die für den Leser anfangs noch kryptische Prophezeiung zu Romanbeginn erfüllt: „Sprach Jeremia, wir wollen Babylon heilen, aber es ließ sich nicht heilen. Verlaßt es, wir wollen jeglicher nach seinem Lande ziehen. Das Schwert komme [...] über die Bewohner Babylons." (S. 21)

Schnitter Tod

Schnitter Tod ...

Dass die sich in diversen Lebensstationen Biberkopfs einmischende Hure Babylon ihrer Sache zu sicher ist und Biberkopf letztlich nicht zu ihrer Beute wird, hat dieser dem Einschreiten des Schnitters Tod zu verdanken, einer weiteren zentralen mythologischen Figur des Romans. Das sogenannte „Schnitterlied" („Es ist ein Schnitter, der heißt Tod, hat Gewalt vom höchsten Gott") ist ursprünglich ein aus dem 17. Jahrhundert stammendes deutsches Volkslied, dessen Verfasser unbekannt ist. Die Überlieferung des bekannten Volksliedes, das den Tod als Sensenmann (Schnitter, Mähmann) darstellt und die Vergänglichkeit des Menschen zum Thema hat (Memento mori, Gedenke des Todes), verdanken wir dem romantischen Dichter Clemens Brentano (1778–1842), der es in seine Textsammlung „Des Knaben Wunderhorn" aufgenommen hat.

... als Sensenmann

Die Funktion des Schnitters für die Persönlichkeitsentwicklung Biberkopfs wird nur deutlich vor dem Hintergrund der Rolle, die der Hure Babylon zukommt. Der Leser hat diese bereits als Inkarnation des Bösen, als anschauliches Sinnbild für die Verderbtheit Berlins kennengelernt. Der Schnitter Tod kann hingegen als positiver Gegenspieler der Hure Babylon verstanden werden. Das bedarf der Erläuterung, denn wie kann der Tod selbst eine positive Bedeutung haben, beendet er doch schließlich das menschliche Leben.

Funktion des Schnitter Tod

Sieg des Schnitters im Kampf gegen die Hure Babylon am Romanende

Seinen großen Auftritt hat der Tod erst im neunten Buch, als Biberkopf durch den dritten Schlag, die Ermordung Miezes durch Reinhold, völlig am Boden liegt und in die Nervenheilanstalt Buch eingeliefert wird. Dem Tode näher als dem Leben führt Biberkopf hier in seinem Inneren ein Zwiegespräch mit dem Tod, der ihn gnadenlos und direkt auf seine Fehler hinweist und mit der Vernichtung droht. Dennoch spielt er auch schon früher eine Rolle, erstmalig im vierten Buch, als er Döblins Protagonisten für seinen unsteten Lebenswandel kritisiert: „Franz Biberkopf, sieh dich vor, was soll bei dem Sumpfen herauskommen! Immer rumliegen auf der Bude, und nichts als trinken und

Auftritt im neunten Buch

Kommentare und Mahnungen

dösen und dösen!" (S. 128) Biberkopf weiß – wie der Leser, der die Stimme wohl für den Erzähler hält – nicht, wer da zu ihm redet. In altbekannter Blindheit reagiert er uneinsichtig, egozentrisch und selbstgefällig: „Wen geht das was an, was ich mache. Wenn ich dösen will, döse ich bis übermorgen auf einem Fleck." (ebd.) Auch am Ende dieses Buches mischt sich der Schnitter Tod erneut kommentierend und mahnend in das Tun Biberkopfs ein, doch dieser weiß immer noch nicht, wer da zu ihm spricht, und weist die Belehrung wieder zurück: Franz „‚fürchtet sich vor nichts. Ich hab Fäuste. Sieh mal, was ich für Muskeln habe.'" (S. 162) Seiner Intention, Biberkopf über seine persönliche Schuld und Verantwortung aufzuklären, kann der Tod an dieser frühen Stelle der Handlung allerdings noch nicht nachkommen, Biberkopf selbst ist noch zu stark und selbstbewusst, um auf eine innere, mahnende und unbequeme Stimme zu hören. Erst viele hundert Seiten später – Biberkopf hat die Zusammenhänge rund um die Ermordung Miezes durchschaut und hat sich aufgegeben – kommt es zur direkten Konfrontation zwischen dem gescheiterten Biberkopf und dem Tod selbst. Im neunten und abschließenden Buch entspannt sich ein innerer, wohl in der Psyche Biberkopfs (die Ärzte und Pfleger „hören nichts von dem Geschrei", S. 432) stattfindender Dialog auf dessen vermeintlichem Sterbebett: „Der Tod hat sein langsames, langsames Lied begonnen." (S. 429) Er stellt sich Biberkopf als „Mähmann" und „Sämann" (S. 430) vor. Das Bild des Mähmannes leuchtet noch ein: Der Sensenmann bringt den Menschen den verdienten Tod, ergo droht er Biberkopf anschaulich und furchteinflößend mit der völligen Vernichtung: „Da blitzt ein Beil durch die Luft [...]." (S. 431) „Das Beil wirbelt in der Luft. Es blitzt und fällt. Es wird Zentimeter um Zentimeter zerhackt." (S. 432) Biberkopf reagiert verständlich, er hat Angst und „schreit die ganze Nacht" (ebd.). Der Tod aber macht keinen kurzen

Dialog auf dem Sterbebett

Funktion: Mähmann ...

Prozess mit Biberkopf, sondern zeigt diesem in einem quälenden, aber für die Heilung notwendigen Gespräch dessen Fehlverhalten: „‚Blind bist du gewesen und frech dazu, hochnäsig, der Herr Biberkopf aus dem feinen Viertel, und die Welt soll sein, wie er will.'" (S. 433) Schonungslos spricht der Tod die Egozentrik, Hybris (Überheblichkeit) und das fehlende Verantwortungsbewusstseins Biberkopfs an und lässt keinen Zweifel daran, dass dieser gescheitert ist: „‚Den Krieg jetzt haste verloren, Jungeken. Mein Sohn, mit dir is aus. Kannst einpacken. Laß dir einmotten. Bei mir biste abgemeldet. Da kannste heulen und piepen, wat du willst.'" (S. 434) Die grammatikalisch inkorrekte, an Berliner Mundart orientierte Sprache des Todes erinnert an die einfache, vom Soziolekt gefärbte Ausdrucksweise Biberkopfs selbst und macht klar, dass der Tod als psychische Instanz im Inneren Biberkopfs zu verorten und nicht mit dem auktorialen Erzähler, dessen Sprache syntaktisch und grammatikalisch korrekt ist, zu verwechseln ist. Doch kurz vor Biberkopfs offensichtlicher Vernichtung geschieht die entscheidende Wendung, Biberkopf sieht sein Fehlverhalten ein: „Ick seh es, es war ja falsch. [...] Ick hab nicht gesiegt, ick weeß es." (S. 438f.) Plötzlich wird beschrieben, wie Biberkopf in Verzweiflung zu weinen beginnt, sein Verhalten ähnelt dem Hiobs, er „wirft sich hin" (S. 441). Und so wie bei Hiob das stumme Darniederlegen die Voraussetzung für das Heilen seiner Geschwüre war, so wendet sich das Blatt auch für Biberkopf in diesem Moment der Einsicht und Läuterung. Plötzlich ändert sich der Tonfall des bis dato streng und gnadenlos auftretenden Todes. Dieser nimmt die Metamorphose des Menschen wahr: „Gestorben ist in dieser Abendstunde Franz Biberkopf, ehemals Transportarbeiter, Einbrecher, [...] Totschläger. Ein anderer ist in dem Bett gelegen. Der andere hat dieselben Papiere wie Franz, sieht aus wie Franz, aber in einer anderen Welt trägt er einen neuen Namen." (S. 442) Die destruktive, zerstörerische Aufgabe des Todes ist in diesem Moment erfüllt; nun wird deutlich, was mit dem positiven Bild des „Sämanns" gemeint ist. Denn von Biberkopf ist nun als einem „neuen Menschen" (ebd.) die Rede, der eine weitere Chance verdient hat. Die Hure Babylon, die schon auf ihre Beute, die verlorene Seele Biberkopfs, wartet, wird vom Tod verjagt, sie hat verloren, der „Tod ist Sieger und trommelt sie davon" (S. 443). Biberkopf hat sich seiner fehlerhaften, ichzentrierten Vergangenheit gestellt und begriffen, dass er sich als soziales Wesen mehr der Gemeinschaft zuwenden muss, „weil er stark und gut ist, soll er ein neues Leben tragen [...]" (ebd.). Ob er diese zweite Chance nutzt, lässt der Roman offen. In jedem Fall ist die Veränderung Biberkopfs nicht bloß behauptet, sondern real. Denn als er nach seiner Entlassung aus dem Krankenhaus durch Berlin schlendert – eine symbolische Wiederaufnahme der bekannten Anfangssequenz der Exposition –, halten die Häuser „still, die Dächer liegen fest, er kann sich ruhig unter ihnen bewegen, er braucht in keine dunklen Höfe zu kriechen" (S. 447). Das erneute Erleben dieser Elementarsituation bestätigt die Philosophie des Todes, denn Biberkopfs Verhalten ist nun nicht mehr wie noch zu Romanbeginn von Panik, Wahrnehmungsstörungen und Angstattacken geprägt, sondern von Souveränität, abgeklärter Gelassenheit und Offenheit. Die Welt kann nun an ihn herankommen, ohne dass er gleich um sich schlagen muss.

... und Sämann

Reale Veränderung Biberkopfs

Der moderne Roman – Erzähltechniken und Sprache

Döblins Roman ist benannt – ungewöhnlich genug – nach einem prominenten Platz in einer modernen Großstadt. Erst im Untertitel wird auf die Geschichte einer Einzelperson verwiesen, was der Autor im Übrigen erst widerwillig auf einen Einwand seines Verlegers hin tat, der die traditionellen Interessen seiner Leser stärker berücksichtigen wollte. Wie bereits dargestellt, steht also keinesfalls bloß die biografische Entwicklung eines (Anti-)Helden im Mittelpunkt, die mit den Mitteln des traditionellen Erzählens (auktorialer Erzähler, Erzählerbericht) dargestellt werden könnte. Auf diese Weise werden beispielsweise im traditionellen Bildungs- und Entwicklungsroman zahlreiche Lebensgeschichten erzählt, man denke nur an Goethes Roman „Wilhelm Meister" oder die Romane Fontanes oder Wilhelm Raabes aus dem poetischen Realismus. Für den Dichter der Moderne stellt sich nun eine formale Herausforderung: Wenn nicht mehr nur linear-chronologisch *eine* Lebensgeschichte unter je spezifischen historisch-sozialen, gesellschaftlichen und ökonomischen Bedingungen erzählt werden soll, sondern gleichzeitig die Stadt selbst zum Sprechen, zum Klingen gebracht werden soll, dann konnte dies nicht mehr nur unter Zuhilfenahme der gängigen Erzählformen geschehen. Prägnant formuliert heißt dies: Nicht mehr *von* der Stadt sollte erzählt werden – das konnte der auktoriale Erzähler im vormodernen Roman eines Fontanes bereits sehr gut –, sondern die Stadt *selbst* sollte von sich erzählen; das konnte ein auktorialer Erzähler nicht mehr allein leisten. Döblin benötigte für sein erzählerisches Anliegen also neue Ausdrucksformen, die er in den Erzählweisen James Joyces („Ulysses") und Dos Passos' („Manhattan Transfer") vorgeformt sah. Manche Literaturkritiker und Rezensenten bemängeln gar die formale Verwandtschaft des döblinschen Werkes insbesondere mit James Joyces Werk. Keinesfalls sollte man jedoch von einem formalen Plagiat Döblins sprechen, zu eigenständig nutzt Döblin dafür die neuen Ausdrucksformen für seine eigenen Zwecke.

Herausforderungen für moderne Dichter:

Autonomie der Großstadt

Der auktoriale Erzähler

Dennoch gilt für den Roman „Berlin Alexanderplatz": Ohne den auktorialen, souveränen Erzähler kommt auch Döblin nicht aus. Den überlegenen, weitaus mehr als der Leser wissenden Erzähler, der nach und nach die Geschichte Biberkopfs entfaltet und auf diese Weise sein didaktisches Anliegen – er will den Leser am Beispiel Biberkopfs warnen und Determinanten des modernen Lebens aufzeigen – offenlegt, gibt es auch hier. Allein ein kurzer Blick auf die Vorreden des Romans beziehungsweise der einzelnen Bücher macht dies deutlich: Die Geschichte Biberkopfs zu betrachten „wird sich für viele lohnen, die wie Franz Biberkopf in einer Menschenhaut wohnen und denen es passiert wie diesem Franz Biberkopf, nämlich vom Leben mehr zu verlangen als das Butterbrot" (S. 12). Bevor es überhaupt mit der Romanhandlung losgeht, informiert der im weiteren Verlauf den Leser durch das Geschehen führende Erzähler hier seine Leser über die Sinnhaftigkeit der Lektüre, indem er deren Exemplarität betont. Wie auch bei zahlreichen weiteren Gelegenheiten meldet er sich hier vorab zu Wort und gibt der (verwirrenden) Geschichte einen sinnhaften Rahmen.

Didaktik des Erzählers

Dieses Vorgehen ähnelt Aspekten der Theatertheorie Bertolt Brechts, dessen „episches Theater" ein ähnliches Ziel hatte: Der Leser/Zuschauer sollte nicht allzu unmittelbar mit dem Schicksal der Figuren mitfiebern, da diese einseitige Lesersympathie und Identifikation nur verhindern würden, die Aufmerksamkeit auf die viel wichtigeren Aspekte zu lenken, nämlich auf den Handlungszusammenhang, die gesellschaftlichen und sozialen Ursachen für das Handeln der Figuren sowie auf Einfluss- und Veränderungsmöglichkeiten auf das eigene Leben und die gesellschaftliche Struktur als Ganzes. Gegen diesen erzähltechnischen Kunstgriff ließe sich einwenden, dass er die vom Leser erwartete Spannung zerstöre, da dieser vorab zu viel über das Geschehen erfahre. Doch genau dies ist die Intention Brechts,

Vorbild: episches Theaterkonzept Bertolt Brechts

Ziel: Spannung vermeiden

denn Spannung verhindert für ihn aufseiten des Lesers/ Zuschauers die für eine gesellschaftliche Veränderung notwendige Analysefähigkeit. Die Nähe Döblins zu diesem Konzept ist der Grund dafür, dass der Roman selbst nur an wenigen Stellen Spannung aufkommen lässt; wenn dies einmal doch der Fall ist – man denke nur an den zweiten Schlag, den Biberkopf erhält (Überfall und Unfall) –, dann wird diese im nächsten Moment durch Erzählerkommentare oder Ähnliches schnellstmöglich gebrochen. Man sieht also, dass Döblins Werk in erzähltechnischer Hinsicht in Teilen in der Tradition des 18. und 19. Jahrhunderts steht.

Die Modernität des Romans: ein anderes Erzählen

Was aber macht nun die erzählerische Modernität des Romans aus?

Entscheidend für die Beantwortung dieser Frage ist die Tatsache, dass es im Roman „Berlin Alexanderplatz" – anders als in der Erzähltradition des 18. und 19. Jahrhunderts – keine Dominanz des allwissenden Erzählens mehr gibt und der Leser an zahlreichen Stellen den Eindruck gewinnt, dass hier gar keine kohärente, d. h. in sich geschlossene, chronologisch erzählte, Geschichte mehr erzählt wird. Zwar meldet sich der auktoriale Erzähler im Laufe der Handlung immer wieder souverän, intervenierend und das Chaos strukturierend zu Wort und ordnet das Geschehen in einen größeren Zusammenhang ein, sodass man Döblin keinesfalls – wie fälschlicherweise häufig geschehen – als Gegner des auktorialen Erzählens bezeichnen kann. Doch ist diese traditionelle Art des Erzählens eben nur *eine* Form von zahlreichen weiteren; ein ständiger Wechsel von Erzählformen-, -perspektiven, -verhalten und Darstellungsarten verwirrt den Leser und beendet die Dominanz des traditionellen auktorialen Erzählens im Roman. Die erzähltechnische Analyse der Romanexposition (vgl. S. 8 ff.) hat dies bereits deutlich gemacht.

Gewandelte Rolle des Erzählers

Der Blick nach innen: innerer Monolog und Bewusstseinsstrom

Ein weiteres Beispiel dient zur Veranschaulichung des oben genannten Gedankens. Als sich Franz nach seiner ersten ernüchternden Chaos-Erfahrung in der Großstadt Berlin innerlich gesammelt hat, beschreibt der auktoriale Erzähler das weitere Geschehen: „Franz war schon draußen auf der Straße [...].“ (S. 33) Erzählperspektivisch wird hier das äußere Geschehen beschrieben (Außensicht), erzählformal kann man an dieser Stelle von einer Er-/Sie-Erzählung sprechen. Doch schon im nächsten Satz ändert sich dies: „Wat machen wir? Ick bin frei. Ick muß ein Weib haben.“ (ebd.)

Wechsel von Erzählform und -perspektive

Von einem auf den anderen Moment ändern sich Erzählform und Erzählperspektive, nun liegt eine Ich-Erzählung vor, erzählperspektivisch hat der Leser teil an dem Gefühlsleben Biberkopfs (Innensicht). Da Biberkopf im vorliegenden Erzählzusammenhang kein reales Gegenüber hat, ist davon auszugehen, dass er diese Sätze nicht tatsächlich und für seine Mitmenschen hörbar ausspricht, sondern diese nur denkt. Dafür spricht in sprachlicher Hinsicht der berlinerische Dialekt. Damit hat sich auch die Darbietungsform von einem auf den anderen Satz verändert. Es dominiert nicht mehr der klassische Erzählerbericht, sondern der sogenannte innere Monolog.

Innerer Monolog

Diese besondere Form der Wiedergabe der Gedanken einer Figur gehört zur Darbietungsform der Personenrede. Formal steht der innere Monolog in der 1. Person Singular (meistens Präsens Indikativ) und wird ohne Anführungszeichen dargeboten. Der innere Monolog ist eine um die Jahrhundertwende entstandene Technik (vgl. Schnitzlers Novelle „Leutenant Gustl“) der direkten Wiedergabe der stummen Gedanken- und Gefühlswelt unter Ausschaltung einer vermittelnden Erzählerinstanz. Als erzähltechnischer Kunstgriff sorgt er für den Eindruck größerer Unmittelbarkeit; indem der Erzähler hinter die Figur selbst zurücktritt, ist der Leser „näher dran“ an Biberkopf und seiner Gedankenwelt. Dies macht das Geschehen authentischer und gibt einen Einblick in dessen Psychologie, also z. B. in die handlungstreibenden Motive der Figuren. Wahrnehmungen, Gefühle, Überlegungen und Assoziationen Biberkopfs werden so unmittelbar und ungefiltert, d. h. ohne den Leser möglicherweise bevormundende Kommentare und Erläuterungen, wiedergegeben. Erkauft wird diese realistische Unmittelbarkeit und Authentizität mit einer höheren Anforderung an den Leser, denn im Verzicht auf den (auktorialen) Erzählerkommentar liegt auch eine Gefahr: An zahlreichen Stellen wird der Leser auf diese Weise in das Gefühlschaos Biberkopfs hineingerissen. Er muss die Orientierung, die ihm bis dato der auktoriale Erzähler garantierte, selbst herstellen und im Dickicht von ungefiltert dargestellten Empfindungen und Assoziationen selbst Ordnung herstellen. Im Roman ist dies häufig ein äußerst mühevolles Unterfangen, da der Leser regelmäßig für sich klären muss, von wem welche Aussage, welcher Gedanke eigentlich stammt. Der Leser spürt so quasi „am eigenen Leib" das für Biberkopf intellektuell kaum zu ordnende Chaos der Großstadt Berlin. Tritt der innere Monolog in seiner extremsten Ausprägung auf, spricht man in der Literaturwissenschaft von einem „Bewusstseinsstrom" („stream of consciousness"). In dieser Sonderform des inneren Monologs treten die häufig triebhaften Bewusstseinsinhalte einer Figur völlig unkontrolliert, unzensiert und ohne jeden Filter zutage. Im Unterschied zum klassischen inneren Monolog wird dabei häufig die grammatische und/oder syntaktische Struktur von Sätzen missachtet, stattdessen versucht der Autor, durch Wortfetzen und unvollständige Satzteile psychische Denk- und Gefühlsvorgänge unmittelbar und unter Verzicht auf jegliche Form von Reflexion darzubieten: „Achtung, Mensch, wenn Granaten kommen, gibts Dreck, vorwärts, Beene hoch, schlankweg durch, ick muß raus, vorwärts, mehr als die Knochen können mir nicht zerschlagen

Ziel: Unmittelbarkeit und Authentizität

Bewusstseinsstrom

werden, dummdrummdumm, Schritt gefaßt, eins zwei, eins zwei, links rechts, links rechts, links rechts. Da marschiert Franz Biberkopf durch die Straßen, mit festem Schritt, links rechts, links rechts, keine Müdigkeit vorschützen, keine Kneipe, nichts saufen, wir wollen sehen, eine Kugel kam geflogen, das wollen wir sehen, krieg ich sie, liege ich, links rechts, links rechts. Trommelgerassel und Bataillone." (S. 291 f.) Man sieht, hier liegt nur noch ein assoziativ verknüpftes Durcheinander von Gedankenbruchstücken vor. Die Assoziationen werden häufig parataktisch aneinandergereiht, die Syntax ist weniger komplex als im inneren Monolog, die Sprache häufig verknappt und durchsetzt von (im Falle Biberkopfs vulgäreren) dialektalen Anklängen.

Aufbruch der Syntax

Sonderform des subjektiven Erzählens: die erlebte Rede

Als eine Sonderform des subjektiven Erzählens kann die sogenannte erlebte Rede bezeichnet werden – eine Redeweise in der 3. Person –, die sich häufig in Kombination mit epischem Erzählerbericht und innerem Monolog finden lässt. Qualitativ steht sie zwischen dem Erzählerbericht und dem inneren Monolog, dennoch bleibt der Erzähler das mitteilende Organ. Die erlebte Rede befreit die Aussage einer Person von der offenen Regie des Erzählers im klassischen Erzählerbericht: „Schreck fuhr in ihn, als er die Rosenthaler Straße herunterging und in einer kleinen Kneipe ein Mann und eine Frau dicht am Fenster saßen: die gossen sich Bier aus Seideln in den Hals, ja was war dabei, sie tranken eben, sie hatten Gabeln und stachen sich damit Fleischstücke in den Mund, dann zogen sie die Gabeln wieder heraus und bluteten nicht. Oh, krampfte sich sein Leib zusammen, ich kriege es nicht weg, wo soll ich hin? Es antwortete: Die Strafe." (S. 16, Hervorhebungen T. S.) Im ersten Teil dieses Textauszuges liegt bis zum Doppelpunkt ein Erzählerbericht vor, doch dieser endet bereits mit dem

Zwischen Erzählerbericht und innerem Monolog

folgenden Teilsatz „ja was war dabei, sie tranken eben". Diese Gedankenwiedergabe erfolgt in eben genannter erlebter Rede, da hier die Gedanken und Gefühle Biberkopfs in der dritten Person (ohne direkte oder indirekte Rede) wiedergegeben werden. Der innere Monolog als Darbietungsform kommt hier nicht infrage, da die Aussage nicht in der ersten Person erfolgt, außerdem wird an dieser Stelle im Präteritum erzählt. Zwar wird die Form des epischen Berichts aufrechterhalten, dennoch endet das ordnende Erzählen des ersten Satzes und der Leser erhält Einblick in die unmittelbare und subjektive Wahrnehmung Biberkopfs. Auch der zweite unterstrichene Teilsatz („krampfte sich sein Leib zusammen") besteht aus erlebter Rede, während nach dem Komma („ich kriege es nicht weg, wo soll ich hin?") ein innerer Monolog vorliegt. Dieser wird im letzten Satz des Beispiels wiederum abgelöst vom auktorialen Erzähler („Es antwortete: Die Strafe."), der sich an dieser Stelle jedoch eher neutral verhält, weil der Satz zu diesem frühen Zeitpunkt kaum verständlich und geheimnisvoll ist. Man sieht also, wie durch den ständigen Wechsel der Darbietungsformen und Erzählweisen die Grenzen zwischen innen und außen verwischt werden. Gerade diese erzähltechnische Besonderheit des Romans macht seine Modernität im Formalen aus. Döblin spielt hier mit der Rolle des Erzählers und verschachtelt auf komplexe Weise verschiedene Zeit- und Erzählebenen miteinander, sodass es immer schwieriger wird, die Realität im Rahmen eines sicheren und stabilen Wertesystems zu begreifen.

Wechsel der Darbietungsformen und Erzählweisen

Allen drei Formen des subjektiven Erzählens gemeinsam ist dabei der Abschied vom Willen, die objektiv erfassbare Realität sprachlich darzustellen, hier löst sich vielmehr die darzustellende Welt im rein subjektiv/spontanen Reflex der Handlungsträger in eben diese unkontrollierbare Wirklichkeit auf.

Unkontrollierbare Welt führt zu unkontrollierbarem Erzählen

Das Montageprinzip

Geht es bei den eben dargestellten erzähltechnischen Variationen des Romans in erster Linie darum, die Situation des Protagonisten Franz Biberkopf auch für den Leser nachvollziehbar zu gestalten und sein psychisches Innenleben offenzulegen, so dient das Montageprinzip in erster Linie der

Montagetechnik

Darstellung der Stadt. Um die Hektik der modernen Millionenstadt Berlin einzufangen, erzählt Döblin nicht mehr in gewohnter Weise *von* ihr, sondern sucht nach einer Möglichkeit, die Stadt *selbst* erzählen zu lassen. Dafür bedient er sich eben dieser Montagetechnik, mit deren Hilfe er – nur auf den ersten Blick chaotisch und regellos – Bruchstücke aus der städtischen Realität wie Ausrufe, Lieder, Wetterberichte, Werbung, Statistiken, Bibelzitate, Abläufe über Schlachtungsvorgänge, lautmalerische Musik, Bevölkerungstabellen, amtliche Nachrichten, Plakattexte, Auszüge aus literarischen Klassikern, kommerzielle Reklame, Radiodurchsagen und Kurzdialoge miteinander kombiniert. Die Liste ließe sich problemlos um ein Vielfaches an „Versatzstücken" erweitern, so varianten- und ideenreich zeigt Döblin die Großstadt.

Vergleich: Montage in der Literatur und Collage in der bildenden Kunst

Da das literarische Verfahren der Montage in enger Verwandtschaft mit dem der Collage in der bildenden Kunst

Collage

steht, soll die Funktionsweise an dieser Stelle an einer Collage aus der modernen Kunst veranschaulicht werden.

Die Collage Pellegrino Ritters (Künstler; geb. 1957) hat den Wandel der Sprache zum Thema. Der Künstler montiert hier auf den Körper einer die amerikanische (Comic-)Kultur spiegelnden Micky Maus den Kopf des wohl berühmtesten Dichters der deutschen Klassik, Johann Wolfgang von Goethe. Im Hintergrund werden verschiedene Dokumente wie Stempel in Pässen (oben Mitte) als Beispiele für Beamtensprache, Auszüge aus alten englischen Briefen (oben links) mit modernen englischen Ausdrücken wie „event“, „charts“ oder „business“ kombiniert. Auf der Höhe der Füße der Maus-Figur findet sich ein Strichcode, wie er als den Vorgang des Bezahlens beschleunigendes Hilfsmittel in nahezu allen Geschäften weltweit zum Einsatz kommt. Dass die Collage das Thema „Sprache“ zum Inhalt hat, kann der Betrachter noch erschließen. Aber in welche Richtung geht die Aussage Pellegrinos, findet er den Sprachwandel bedauernswert, unabänderlich oder gar vorteilhaft? Eine Antwort auf diese Frage erhält man weitaus weniger leicht als in der klassischen Kunst, denn durch die Kombination von heterogenem Material – wer von uns denkt bei Goethe spontan an Micky Maus – wird etwas simultan zusammengedrängt, was auf den ersten Blick zusammenhangslos erscheint. Die Grundbedingung des klassischen Kunstwerks – der Eindruck harmonischer Geschlossenheit, das Ergebnis ästhetischer Schönheit, die Kontinuität der Perspektive – ist nun verloren gegangen. Dennoch stehen die einzelnen Teile der Collage nicht unverbunden nebeneinander, sondern in einem thematischen oder formalen Zusammenhang. Diesen herzustellen und die Materialbruchstücke zu einem neuen Ganzen zusammenzusetzen ist Aufgabe des Betrachters oder Lesers, dem in der modernen Kunst eine weitaus aktivere und beteiligungsfreundlichere Rolle zukommt als in der klassischen, bei welcher dem Rezipienten ein fertiges Ergebnis vorgesetzt wurde, das dieser dann nur noch zur Kenntnis nehmen oder bestaunen konnte. Für Pellegrinos Collage heißt das, dass der Betrachter die kritische Richtung der Aus-

Collage von Pellegrino Ritter

sage in einem reichen Assoziationsspiel erkennen *kann,* wenn er die Comic-Figur als typisches Produkt der „Bewusstseinsindustrie" (Marcuse) versteht. Micky Maus ist ein Symbol für die amerikanische, vom Kapitalismus geprägte Konsumorientierung, die hier sogar Besitz von literarischen Klassikern wie Goethe nimmt. Während es bei Micky Maus gar nicht um Inhalt, um eine Geschichte geht, sondern um das Verkaufen einer letztlich banalen, kindlichen Geschichte zwecks Erzeugung von Mehrwert (kapitalistischer Gewinn), hat der traditionelle Leser Goethes ganz andere Ziele; er will sich z. B. bilden lassen, am Beispiel der dramatischen Figur Fausts erkennen, was die Welt „im Innersten zusammenhält", oder sich mit der Figur des Wilhelm Meister auf eine lange Reise begeben, an deren Ende die harmonische Ausbildung der inneren Anlagen der Persönlichkeit steht. Dass dieser Kontrast der Collage nicht einfach nur dargestellt, sondern auch kritisiert wird, kann über den Strichcode am unteren Ende der Collage erschlossen werden. Dieser Strichcode ist symbolisch zu verstehen als eine vereinheitlichende Form von Standardisierung. Diese Standardisierung entwertet – so Pellegrino – die Aussage von klassischer Kunst, indem sie diese lächerlich macht, infantilisiert. Sie hat dann auch keinen Eigenwert mehr, sondern dient allein der Erzeugung von Mehrwert, wird also in einen kapitalistischen Produktions- und Konsumzusammenhang eingebunden und dementsprechend verwertet, also zur bloßen Ware degradiert. Um Werte und Ideen jenseits des Geldes geht es dann überhaupt nicht mehr, das alleinige Ziel ist die Anhäufung von Reichtümern.

Entwertung klassischer Kunstideale

Funktionsweise der Montage im Roman „Berlin Alexanderplatz"

Dadaismus und Futurismus

Der ausführliche Schwenk zur bildenden Kunst lässt uns leichter verstehen, warum und in welcher Weise Döblin sich die künstlerische Form der Collage – die aus dem Dadaismus und Futurismus stammt – für seinen Roman zu eigen macht. Ein Blick auf den Beginn des zweiten Buches kann als populäres Beispiel für die literarische Montage – der Begriff der Montage ersetzt im Bereich der Literatur den der Collage aus der bildenden Kunst – dienen. Döblin beginnt mit einem biblischen Zitat, der Geschichte von Adam und Eva im Paradies (vgl. S. 49). Es folgt das Zitat eines naiven Kinderliedes in Form einer Lautmalerei, was die kindlich-naive Einstellung Biberkopfs zum Leben verdeutlichen kann. Diese kontrastiert stark mit den nun folgenden „Bildern", denen Biberkopf bei seinem Gang durch die Stadt begegnet: Handel und Gewerbe, Stadtreinigungs- und Fuhrwesen, Gesundheitswesen, Tiefbau, Kunst und Bildung, Verkehr, Sparkasse und Stadtbank, Gaswerke, Feuerlöschwesen, Finanz- und Steuerwesen. Im Anschluss folgen amtliche Verordnungen und Fachgespräche (vgl. S. 50). Nun heißt es: „Der Rosenthaler Platz unterhält sich." (ebd.) Es schließen sich übergangs- und kommentarlos Wettervorhersagen, Straßenbahninformationen, Vorgangsbeschreibungen, Information über die AEG, das Verhalten von namenlosen, typisierten Menschen, am Ende die beispielhafte tragisch-traurige Geschichte Paul Rüsts, dessen Todesanzeige im Wortlaut zitiert wird, an (vgl. S. 54). Erst jetzt geht es mit der linearchronologisch erzählten Geschichte Biberkopfs weiter. Damit ist eine wesentliche Funktion des Montageprinzips benannt: die Ermöglichung des Simultanstils. Vom städtischen Chaos wird nicht mehr nacheinander erzählt, sondern nebeneinander. Die Montage ermöglicht durch ihre spezielle, übergangslose Darstellungsform die Herstellung von Gleichzeitigkeit. Für Döblin ist das ein zentrales Anliegen, denn genau darin liegt ja für ihn der Kern des Problems: Weil der moderne Mensch die Herausforderungen der (modernen) Stadt nicht mehr nach und nach abarbeiten kann, sondern ihnen gleichzeitig begegnet, erscheint er gnadenlos überfordert.

Funktionsweise der Montage

Mit dieser Vielfalt und Gleichzeitigkeit, dem Nebeneinander von Erscheinungen (Simultanstil) kommt er nicht mehr zurecht, er kann angesichts des Chaos und der Unübersichtlichkeit den notwendigen Strukturierungsprozess seiner Realität nicht mehr herstellen. Für Biberkopf wird diese den Einzelnen überfordernde Situation letztlich lebensbedrohlich, weil er die Sinneseindrücke nicht mehr ordnen kann und er seinen Status als Individuum verliert. Denn für Individualität – für einzigartige, unverwechselbare menschliche Persönlichkeit – ist in dieser Welt kein Platz mehr, da der Mensch selbst das Primat des Handelns aus der Hand gegeben hat. Er ist funktional integriert in überindividuelle Institutionen, wie die Stadtverwaltung, die Verkehrsbetriebe oder große Unternehmen. Indem die Stadt von sich selbst erzählen darf, gewinnt sie Eigenständigkeit und Autonomie. Sie ist – anders als in berühmten Stadtromanen der Vormoderne – nicht mehr nur Kulisse für das Handeln der Figuren, sondern stellt sich selbst unabhängig von anderen Zusammenhängen dar, sie gewinnt Selbstreferentialität (Selbstbezüglichkeit). Dies geht aber zwangsläufig auf Kosten menschlicher Autonomie. Genau das ist das Problem, mit dem Biberkopf sich auseinandersetzen muss. Während er sich anfangs noch für den König seiner Welt hält, sich überschätzt und andere unterschätzt, muss er am Ende erkennen, dass er sich zu integrieren und die Rolle der Gemeinschaft zu beachten hat. Mit dem Montagestil ist es Döblin also möglich, auf die gewandelte Rolle des Menschen in der Moderne formal zu reagieren. Durch die Montage einzelner Wirklichkeitsfetzen, die Biberkopf umgeben und ihn in ihrer Gewalt und Vielfalt zu erdrücken drohen, kann Döblin die Isolation des Menschen in der reizüberfluteten Großstadt in neuer, innovativer Form darstellen. Die Rolle des Erzählers hat sich in diesen Sequenzen diametral gewandelt, denn in der Montage ist seine klassische Rolle suspendiert. An den Stellen, an denen der Roman sich als

Simultanstil

Isolation des Einzelnen

reine Zitatmontage verstehen lässt, gibt der Erzähler die Zügel des Erzählens zugunsten einer Gleichzeitigkeit des Disparaten, nicht Zusammengehörigenden aus der Hand. Wenn die Phänomene meiner Welt alle gleichzeitig auf mich einstürzen und ich sie nicht mehr nacheinander chronologisch abarbeiten und auf diese Weise beherrschen kann, werde ich mir meiner eigenen Ohnmacht und Relativität viel eher bewusst.

Zur Sprache im Roman „Berlin Alexanderplatz"

Die geschilderte Erzählweise des Romans – erinnert sei an den ständigen Wechsel der Darstellungsformen zwischen epischem Bericht, erlebter Rede, innerem Monolog und der Montagetechnik – zeigt sich auch, wenn man sich der Sprache der Figuren des Romans zuwendet. Anders als noch im (realistischen) Roman des 19. Jahrhunderts oder gar zur Zeit der deutschen Klassik weicht die Sprache vieler Figuren, insbesondere die Biberkopfs, von der Hochsprache ab. Um der Vielfalt der großstädtischen Realität Berlins gerecht zu werden, genügt Döblin zwangsläufig nicht mehr die *eine*, für alle verbindliche und normierte Sprache, sondern Döblin lässt seine Figuren so reden, wie sie es in der Realität tatsächlich tun. Die von ihnen genutzte Sprache informiert so neben dem reinen Inhalt über den sozialen Hintergrund des Sprechers (Soziolekt). Angesichts der enormen Menge an Figuren kann also von einer deutlichen Heterogenität sprachlicher Diskurse gesprochen werden, die zum Teil Aufschluss geben über das Verhalten und die diesem zugrunde liegenden Handlungsmotive.

Soziolekt

Ein exemplarischer Blick auf die Ausdrucksweise Biberkopfs im Gespräch mit den zwei Juden kann dies verdeutlichen: „„Da, kucken Se her, meine Hose. So dick war ich, und so steht sie ab, zwei starke Fäuste übereinander, vom Kohldampfschieben. Alles weg. Die ganze Plautze zum Deibel. […] Ich gloobe nicht, daß die andern viel besser

Sprache Biberkopfs

sind. Nee, det gloob ick nicht. Verrückt wollen sie eenen

Dialekt

machen.'" (S. 29 f.) Auffällig sind der berlinerische Dialekt Biberkopfs („ick gloobe", „eenen") sowie die von Biberkopf genutzte Umgangssprache („Kohldampfschieben"), die deutlich machen, welchem Stand er angehört. Döblin kombiniert die dialektale Färbung der Sprache Biberkopfs häufig mit für die mundartliche Umgangssprache typischen grammatischen Eigenarten: „,Mir können Se ruhig laufen lassen. Sie haben doch erzählt von die Füße und die Augen.'" (S. 31) Biberkopf selbst verwechselt dabei sehr häufig Dativ und Akkusativ. An einigen Stellen gehen diese Fehler so weit, dass der Leser den Eindruck gewinnt, dass sich selbst der Satzbau (Syntax) auflöst, was die Dramatik des Dargestellten verstärken soll. Äußerst interessant in diesem Zusammenhang ist die Beobachtung, dass sogar der Tod im Zwiegespräch mit Biberkopf dessen Berliner Mundart übernimmt: „,Als ick dir Lüders schickte, haste die Augen nich aufgemacht, biste zusammengeklappt wie ein Taschenmesser und dann haste gesoffen, Schnaps und Schnaps und nischt als Saufen.'" (S. 433) Dies lässt den Schluss zu, dass der Tod nicht mit dem Erzähler, der normgerecht in der Hochsprache berichtet, zu verwechseln ist und dass das Gespräch zwischen Tod und Biberkopf letztlich nur eine Art innerer Monolog in der Psyche der Hauptfigur ist.

Grammatische Eigenarten

Wiederholungen

Das letzte Beispiel kann auch für eine weitere sprachliche Besonderheit des Romans dienen, nämlich die häufigen Wiederholungen („Schnaps und Schnaps"). Beispielsweise wird die Schilderung der Ermordung Miezes mit sich wiederholenden philosophischen Überlegungen zur Bedeutung der Zeit für den Menschen begleitet: „Seine Zeit! Seine Zeit! Jegliches seine Zeit. Würgen und heilen, brechen und bauen, zerreißen und zunähen, seine Zeit." (S. 352) Da der Leser zu diesem Zeitpunkt ebenso wie Biberkopf noch nicht weiß, was mit Mieze passiert ist, haben diese

Wiederholungen die Funktion der Vorausdeutung. Sie steigern die Spannung, indem sie auf das wahrscheinliche Schicksal der Prostituierten anspielen, ohne allzu genaue Informationen zu geben.

Wortspiele, Lautmalereien

Dass Sprache mehr ist als ein bloßes Mittel zur Verständigung, wird auch durch die häufigen Wortspiele und Lautmalereien (Onomatopoesie) deutlich. Wenn der Erzähler einen bekannten Kinderreim („Mit den Händen klapp, klapp, klapp, mit den Füßchen trapp, trapp, trapp, einmal hin, einmal her, ringsherum, es ist nicht schwer") mit der Herangehensweise Biberkopfs an die Herausforderung der Großstadt Berlin in Verbindung bringt, dann wird dadurch zum einen die Naivität Biberkopfs deutlich, der narzisstisch wie ein Kind davon ausgeht, dass sich die Welt um ihn allein dreht und er sich die Welt schon so wird gestalten können, wie es ihm angenehm erscheint. Zum anderen verdeutlichen diese Spiele mit der Sprache aber auch deren Eigenständigkeit. Gleichzeitig wirken gerade die häufigen Alliterationen und Assonanzen – vor letztlich ernstem Hintergrund – oftmals komisch und entlasten auf diese Weise den Leser, indem sie das Handlungsgeschehen relativieren und verallgemeinern.

Beamtensprache

Die Vermischung von Stilebenen zeigt sich auch durch das Zitieren von Beamtensprache: „Auch der Vorstand des Gemeindebezirks hat das Recht, Einwendungen zu erheben. Solche Einwendungen sind bei dem Bezirksamt Mitte in Berlin C2, Klosterstraße 68, Zimmer 76, schriftlich einzureichen oder mündlich zu Protokoll zu erklären." (S. 51) Im Romankontext wird auf diese Weise auf die Eingebundenheit des Menschen in systemische Zusammenhänge verwiesen, Biberkopf wird verwaltet, er wird zu einer Nummer unter vielen, seiner Individualität wird dabei nicht Rechnung getragen. In ähnliche Richtung geht das Montieren von fachsprachlichen Aussagen, insbesondere von medizinischer Fachsprache. Deren häufiges Auftauchen lässt sich

Fachsprachen

u.a. biografisch erklären, schließlich fand der im Osten Berlins niedergelassene Mediziner Döblin zahlreiche Anregungen durch die Behandlung seiner (meist verarmten) Patienten: „Die Hauptursachen der Impotenz sind: A. ungenügende Ladung durch Funktionsstörung der innersekretorischen Drüsen; B. zu großer Widerstand durch überstarke psychische Hemmungen, Erschöpfung des Erektionszentrums." (S. 36f.) Im Kontext der Handlung erklärt dieser medizinische Exkurs auf naturalistische Weise den Grund dafür, warum Biberkopf beim Besuch einer Prostituierten nicht seinen Mann stehen kann. Die äußerst sachlich gehaltene naturwissenschaftliche Erklärung kontrastiert dabei stark mit den emotionalen Irritationen, die dieses Ereignis im Gefühlshaushalt Biberkopfs auslöst.

Kontrastmontage von Klassikerzitaten

Komische Effekte und eine implizite Kritik an der Ästhetik und den Wertvorstellungen der deutschen Klassik entstehen durch die Kontrastmontage von Klassikerzitaten in die Biberkopf-Handlung: „Und wer den NSU-6-Zylinder selbst lenkt, ist begeistert. Dahin, dahin laß mich mit dir, du mein Geliebter, ziehn." (S. 160) Die Montage besteht aus einem Werbespruch, der einen Motor anpreist. Der schnöde Konsumakt kontrastiert dabei mit dem zweiten Satz, der aus dem Mignon-Lied Goethes stammt. Die edlen humanistischen Ideale der Klassik („Edel sei der Mensch, hilfreich und gut!") werden in Kombination mit dem Reklameslogan lächerlich gemacht und entwertet. Ein Grund dafür, warum der Roman Döblins bei zahlreichen Zeitgenossen für entrüstete Ablehnung gesorgt hat. In jedem Fall wird deutlich, dass das klassische Bildungsgut in einer kapitalistisch ausgerichteten Wirtschaftsform, wie man sie im Berlin des frühen 20. Jahrhunderts vorfindet, nutz- und sinnlos erscheint, da Biberkopf mit den alten Wertvorstellungen sein Leben nicht mehr erfolgreich gestalten kann.

Metaphern

Eine Verdichtung und Intensivierung des Geschehens erreicht der Autor durch eine hohe Anzahl an Metaphern. Als

Mieze Biberkopf gesteht, dass sie sich in einen Freier verliebt hat und diesen damit vor den Kopf stößt, reagiert dieser äußerst brutal und enthemmt. Das Geständnis seiner Freundin als eigene Erniedrigung empfindend, prügelt er sie halb zu Tode. Dabei wird das Leiden Miezes äußerst metaphernreich dargestellt: „Schreien, Schreien unaufhörlich aus ihrem Mund, qualvolles Schreien, gegen das hinter dem Rauch auf dem Bett, eine Schreimauer, Schreilanzen gegen das da, höher hin, Schreisteine." (S. 336) Traditionell ist hier im Grunde nur noch die Verwendung des Adjektivs „qualvoll", doch genügt dieses Wortfeld Döblin zur Veranschaulichung der Situation Miezes nicht mehr. Durch die Metaphern „Schreimauer", „Schreilanzen" und „Schreisteine" geht er über den reinen Realismus traditionellen Erzählens hinaus, der aufgebrochene Satzbau, das fehlende Verb sorgen gerade in der Verkürzung der Information für eine Beschleunigung und Dramatisierung der Situationsbeschreibung.

Literaturgeschichtliche Einordnung

Expressionismus

Der hier beispielhaft vorgestellte Metaphernreichtum der Sprache, die häufigen Wortneuschöpfungen (Neologismen) und das ausdrucksstarke, pathetische Erzählen haben in der literaturwissenschaftlichen Forschung dazu geführt, dass dem Roman Aspekte der Epoche des Expressionismus zugeschrieben werden. Den Autoren dieser literarischen Epoche (ca. 1910–1925) ging es darum, die Zeit vor und kurz nach dem Ersten Weltkrieg als eine krisenhafte darzustellen. Den Neuerungen des modernen Lebens standen sie skeptisch gegenüber und sahen in historischen Ereignissen wie z. B. dem Erscheinen des halleyschen Kometen (1910) einen Vorboten der nahenden Apokalypse. Ein radikaler Bruch mit den traditionellen ästhetischen Darstellungsformen war die logische Folge, grammatische Strukturen sollten aufgebrochen werden, Neologismen und eine metaphernreiche, einprägsame Bildlichkeit die Krise der Zeit veranschaulichen.

Aber auch: sachlicher und protokollarischer Stil

Auf der anderen Seite finden sich an zahlreichen Stellen des Romans Abschnitte, die sprachlich äußerst sachlich und nahezu protokollarisch erzählt werden. Exemplarisch kann hierfür eine Schilderung herangezogen werden, die Biberkopfs Situation nach seinem schweren Unfall und der daraus resultierenden Operation und Armamputation knapp, nahezu emotionslos und ohne Ausschmückungen wiedergibt: „Er wird noch in der Nacht operiert. Der rechte Arm wird im Schultergelenk abgesägt, Teile vom Schulterknochen werden reseziert, die Quetschungen am Brustkorb und am rechten Oberschenkel sind, soweit man im Augenblick sagen kann, belanglos. Innere Verletzungen sind nicht ausgeschlossen, vielleicht ein kleiner Leberriß, aber viel kann es nicht sein. Abwarten." (S. 222) An dieser Stelle überrascht gerade das Fehlen von Metaphern, denn die dramatische Situation böte sich in idealer Weise dafür an, Spannung zu erzeugen. Doch der Erzähler begnügt sich sachlich-knapp mit dem Nötigsten, er vermeidet eine Identifikation mit dem Leiden Biberkopfs auch dadurch, dass er zum wiederholten Mal medizinische Fachsprache verwendet. Dieser reportageartige Sprachstil Döblins steht im Widerspruch zur ausufernden Sprache des nach neuen Formen suchenden Expressionismus, er ist verwandt mit der

Neue Sachlichkeit

Epoche der sogenannten Neuen Sachlichkeit. Die Autoren dieser literarischen Epoche, die in den 20er-Jahren des letzten Jahrhunderts zur Zeit der Weimarer Republik ihren Höhepunkt hat, sehen die gesellschaftliche Realität ähnlich kritisch und als Krise an wie die des Expressionismus, doch antworten sie auf diese Krise mit einem völlig anderen ästhetischen Programm. Sie beschreiben die Welt kühl-distanziert, sie üben Kritik an den gesellschaftlichen Zuständen durch häufig ironisch-satirische Zuspitzung. Die Sprache des Expressionismus lehnen sie ab und fordern mit

Blick auf das Schreiben einen neuen Realismus ein. Es macht das literarische Können und die Vielfalt des döblinschen Erzählens aus, dass er sich in seiner Kunst keiner der geschilderten Epochen in Gänze zuordnen lässt. Er kombiniert traditionelle gängige Sprachstile und -ebenen mit innovativen Kunstformen und spiegelt auf diese Weise auch auf sprachlich-stilistischer Ebene die Komplexität der Moderne, mit der sich Biberkopf als typisch moderne Romanfigur in exemplarischer Weise auseinandersetzen muss. Insgesamt zeigt die Vielfalt der Stile und Sprachebenen die Einbettung Biberkopfs in diverse sprachliche Diskurse, in welcher komplexen Umwelt sich dieser bewegen und orientieren muss. Insbesondere Amts-, Verwaltungs- und Fachsprachen machen gerade im Kontrast zum Soziolekt der Figur deutlich, dass sich Biberkopf – als Beispiel für den modernen Menschen per se – in unterschiedlichen sozialen Systemen bewegen muss, die je spezifische Befehle („soziale Imperative") an ihn formulieren. Wenn Biberkopf mal wieder angibt und versucht, diese Sprachstile imitierend zu nutzen und so Kompetenz auszustrahlen, dann zeigt sich gerade in der auffälligen Fehlerhaftigkeit, dass er damit überfordert ist. Den Systemimperativen kann er nicht genügen, manchmal kann er nicht einmal den Anspruch, den das jeweilige System an ihn stellt, verstehen. Auf diese Weise entstehen häufig tragisch-komische Effekte.

Vielfalt der Stile und Sprachebenen Döblins

Der Roman „Berlin Alexanderplatz" in der Schule

Der Blick auf die Figuren: Die Personencharakterisierung

Um einen Erzähltext verstehen zu können, ist es sinnvoll, sich ein möglichst genaues Bild von den Handlungsträgern – den Figuren eines Romans, einer Erzählung oder einer Novelle – zu machen. Diese in der Schule häufig eingeforderte Textsorte bezeichnet man als Charakterisierung. Dabei liegt die Herkunft des Wortes „Charakter" im Griechischen, es meint so viel wie „eingekerbtes Zeichen, Wesen, Eigentümlichkeit". Spricht man folglich vom Charakter eines Menschen, meint man das Ganze seiner Erfahrungen, unverwechselbaren und einzigartigen Eigenschaften und Verhaltensweisen, welche die Grundlage seines Denkens, Fühlens und Handelns darstellen. Die Charakterisierung einer literarischen Figur kann auf zwei Weisen erfolgen: zum einen direkt durch die Selbstaussagen der Figur, sie kann zum anderen auch durch die Aussagen anderer Figuren erfolgen. In diesem Fall sollte der Interpret sehr sorgfältig vorgehen, da die Aussagen anderer Figuren über den Helden oder – mit Blick auf Döblins Roman eher Anti-Helden – nicht immer sachlich zutreffend sein müssen. Als indirekte Charakterisierung bezeichnet man diejenigen Aspekte, welche der Leser aus dem Verhalten der Figur erschließt. Auch hier sollte sich der Interpret darüber im Klaren sein, dass seine Einschätzung der Figur eine Deutung darstellt, die der Überprüfung und sinnvoller, funktionaler Textbelege bedarf.

Eine literarische Figur charakterisieren – Tipps und Techniken

Beim Verfassen einer schriftlichen Charakterisierung einer literarischen Figur ist folgendes Vorgehen empfehlenswert:

1. Einleitung:
Informieren Sie darüber, um welchen Text bzw. welche literarische Figur es geht. Nennen Sie hierfür den Autor, Titel und die Textsorte (Roman, Erzählung, Drama, Novelle, Kurzgeschichte o. Ä.). Welche Funktion hat die Figur im Ganzen? Am Ende erfolgt ein Absatz.

2. Hauptteil:
Dies ist der Kern Ihrer Charakterisierung. Gehen Sie dabei systematisch vor und beachten Sie folgende Leitfragen. Dabei legen Sie eigenständig Schwerpunkte fest. Es liegt auf der Hand, dass nicht alle der hier aufgeführten Fragen gleichermaßen wichtig sein können.

a. sozialer Status und persönliche Informationen
- Was ist über Name, Geschlecht, Alter und den Beruf der Figur bekannt?
- Gibt es auffällige äußere Merkmale? (Aussehen, Kleidung, unverwechselbare äußere Merkmale)
- In welchen Lebensverhältnissen (soziales Umfeld) lebt die Figur?
- Gibt es Informationen zur Vorgeschichte/Biografie/Herkunft der Figur?

b. zentrale Charaktereigenschaften
- Welche typischen Verhaltensweisen, Eigenarten und Gewohnheiten sind erkennbar?
- Welches sind die bedeutendsten Charakterzüge bzw. Wesensmerkmale?

- Welches Bild hat die Figur von sich selbst (Selbstbewusstsein, Arroganz, geringes Selbstwertgefühl, ...)?
- Über welches Weltbild und welche inneren Einstellungen verfügt die Figur?
- Gibt es im Laufe der Handlung eine Entwicklung der Figur, verändert sie sich?
- Wie stellt sich das Verhältnis und die Beziehung zu anderen Figuren dar?
- Auf welche Art und Weise wird die Figur von ihrer sozialen Umwelt wahrgenommen?
- Welche Umstände bestimmen ihr Dasein, was ist besonders prägend?

c. Sprachgebrauch und Sprachverhalten

- Was ist allgemein am Sprachgebrauch der Figur auffällig, wie lässt sich dieser beschreiben?
- Gibt es auf Satz- und Wortebene (Syntax, Wortwahl) Besonderheiten (z. B. Satzabbrüche, viele Ausrufe, unvollständige Satzkonstruktionen o. Ä.)?
- Welche nonverbalen Botschaften transportiert die Figur, z. B. durch den betonten Einsatz von Mimik, Gestik und Körperhaltung?
- Wie verhält sich die Figur in den Gesprächen mit ihren Mitmenschen? Geht sie auf andere zu, macht sie Gesprächsangebote und setzt Impulse oder aber ist sie ein eher passiver und zurückhaltender Gesprächspartner?

3. Schlussteil: zusammenfassende Bewertung

Im Schlussteil, der vom Hauptteil mit einem Absatz abgegrenzt werden sollte, erfolgt eine Zusammenfassung der Ergebnisse. Dabei können Sie sich an folgenden Leitfragen orientieren:

- Welche Gesamtdeutung der Figur ergibt sich aus den im Hauptteil diskutierten Erkenntnissen? Wie ist die Figur im Romankontext zu bewerten?
- Was soll durch die Installierung dieser Figur beim Leser erreicht werden?

Im Folgenden werden Ihnen einige kurze und absichtlich verknappte Charakterisierungen zu den zentralen Figuren aus Döblins Roman „Berlin Alexanderplatz" vorgestellt. Sie dienen vor allem unerfahrenen Schreibern zu einer ersten Orientierung. Dabei erfüllen sie keinesfalls einen Anspruch auf Vollständigkeit, sondern sollen als Impuls für die eigene Weiterarbeit verstanden werden. In jedem Fall ist zu beachten, dass es nicht die Absicht Döblins war, die außergewöhnliche Geschichte eines einzelnen, besonderen Menschen zu erzählen, sondern dass die Geschichte des Franz Biberkopf exemplarisch zu verstehen ist. So erklären sich auch die vielen weiteren Nebengeschichten des Romans, die häufig von der zentralen Handlung eher weg- als hinführen.

Franz Biberkopf – die Hauptfigur des Romans

1. Einleitung

Franz Biberkopf ist die Hauptfigur des Romans „Berlin Alexanderplatz" von Alfred Döblin. Der Autor wollte zunächst auf den Untertitel „Die Geschichte vom Franz Biberkopf" verzichten, um zu verdeutlichen, dass bei ihm der Stadt eine größere Bedeutung zukommt als der zentralen Figur. Doch sein Verleger konnte Döblin schließlich noch überreden, die Hauptfigur auf diese Weise aufzuwerten. Auch wenn es zahlreiche Figuren in Döblins Roman gibt, die zum Teil nur an einer oder wenigen Stellen auftauchen, so kann doch mit gutem Recht von Biberkopf als der zentralen Gestalt des Romans gesprochen werden. Seine Figur hat bis heute kontroverse Deutungen erfahren.

2. Hauptteil

Franz Biberkopf wird dem Leser zu Beginn des Romans als gerade aus der Haft entlassener Ex-Sträfling vorgestellt, der eine vierjährige Gefängnisstrafe wegen Totschlags verbüßte. Tiefergehende Informationen über seinen sozialen Hintergrund, z. B. über seine Familie oder schulische Vorbildung, verschweigt der Erzähler; was zählt, ist das gegenwärtige Geschehen, das offensichtlich nicht aus der individuellen Vergangenheit Biberkopfs abgeleitet werden soll. Der Roman verweigert sich an dieser Stelle der psychologischen Lesart. Es sind dann aber sowohl der Hinweis, dass seine Familie über eine „Schusterei" (S. 16) verfügte, als auch seine Sprache wie sein Verhalten, die sehr schnell deutlich werden lassen, dass es der Leser bei Biberkopf mit einer Figur aus dem niederen Milieu zu tun hat. Anders als der klassische Held des Bildungsromans reflektiert der „grobe, ungeschlachte Mann von abstoßendem Äußern" (S. 45) seine Lebenssituation kaum. Tut er es dennoch einmal, zieht er die falschen Konsequenzen. Er verhält sich grobschlächtig und rücksichtslos gegenüber seinen Mitmenschen, das gilt für sein Verhalten gegenüber Männern als auch gegenüber Frauen. Den wohlmeinenden Ratschlägen glaubt er kein Wort. So missachtet er die Warnungen der beiden Juden zu Beginn des Romans, was fatale Folgen zeigt. Es gibt letztlich niemanden, dem Biberkopf sein Vertrauen schenkt. Ganz auf sich allein gestellt und ohne echte Freunde, ist sein Scheitern schließlich nur folgerichtig. Nicht einmal Eva und Herbert, die ihm nach seinem schweren Unfall und dem Verlust seines Armes rührend zur Seite stehen, offenbart er sich, sondern hat weiterhin Geheimnisse vor ihnen. So wie er in seiner Verblendung und Ignoranz nicht erkennt, dass diese seine einzigen wahren Freunde sind, so sieht er ausgerechnet in Reinhold, der für den Verlust seines Armes mitverantwortlich ist, einen echten Freund, was dieser in seiner Bösartigkeit zu Biberkopfs Ungunsten ausnutzen wird. Statt auf den weisen Rat der Men-

Biografische Informationen/ Herkunft

Sprache

Zentrale Charaktereigenschaften

Verhalten gegenüber seinen Mitmenschen

Gesprächsverhalten

schen, die es gut mit ihm meinen, zu hören, vertraut er lieber seinen körperlichen Kräften. Diese sind für Biberkopf gerade im ersten Teil die entscheidende Waffe im Kampf gegen seine Umwelt. „[S]tark wie eine Kobraschlange" (S. 98) fühlt sich der Protagonist, er vergewaltigt und prügelt sich wie vor seinem Gefängnisaufenthalt. Brutalität und Rücksichtslosigkeit sind die unmittelbare Folge seiner Hilflosigkeit in der neuen Welt. Denn obwohl er nur vier Jahre in Haft war, hat Berlin sich grundlegend geändert. Es ist spürbar schneller, hektischer und lauter geworden. Um sich gegenüber diesen Einflüssen Gehör zu verschaffen, wird Biberkopf lauter und gewalttätiger. Das ist seine Strategie im Dschungel der Großstadt. Kraftmeierei und Selbstmitleid sind wohl seine hervorstechendsten Wesensmerkmale. Wann immer ihm etwas Negatives passiert, sei es der erste Schlag (Lüders Betrug) oder der zweite (schwerer Unfall), er hält sich selbst für unschuldig und macht andere für das Geschehen verantwortlich. Biberkopf – das ist sein Hauptproblem – glaubt nur an sich selbst, an seine eigene Unschuld und die Schuld der anderen. Er verhält sich eher instinktiv und wird von seinen Trieben geleitet, nicht umsonst wird er häufig mit tierischen Attributen (wie eine „Kobraschlange") beschrieben. Übermäßiger Alkoholgenuss tut sein Übriges und trägt dazu bei, dass Biberkopf immer häufiger die falschen Entscheidungen trifft. Ab dem zweiten Schlag sind die Weichen falsch gestellt; Biberkopf legt sein Vorhaben, ein anständiger Mensch zu sein, ad acta und wird zum Zuhälter Miezes, der – neben Herbert und Eva – einzigen Person, die ihn wirklich aufrichtig liebt. Erst am Ende des Romans, als der dritte Schlag (Ermordung Miezes) auf ihn niederkommt, scheint sich sein Verhalten zu ändern. Der zerstörte Biberkopf hält nun inne; er sieht ein, dass sein stures, aggressiv-brutales und spontan-triebhaftes Verhalten falsch war. Er übernimmt die Verantwortung für sein Handeln und die Schuld am Tode Miezes,

Äußere Merkmale

Lebensplan

Entwicklung der Figur

nachdem ihn der Schnitter Tod mehrfach bedroht hat und zur Einsicht drängt. Nun erst sieht er ein, dass seine Renommiersucht und seine Prahlerei ihm im Wege standen. Endlich reflektiert er über seine fatale Schwäche, Menschen schlecht einzuschätzen. So meint er ausgerechnet von Reinhold: „,Der ist gut.'" (S. 371) Dabei ist Reinhold gerade derjenige, dem es um die Vernichtung Biberkopfs geht.

3. Schlussteil

Zusammenfassung

Insgesamt kann man mit Blick auf die Hauptfigur des Romans „Berlin Alexanderplatz" durchaus von einer Entwicklung sprechen. Am Anfang steht der gerade entlassene Ex-Häftling, der an seine guten Vorsätze glaubt. Mehrere Schicksalsschläge, zum Teil selbstverschuldet, sorgen jedoch dafür, dass Biberkopf seine ursprünglichen Vorhaben aufgibt, er wird zum kriminellen Zuhälter und Verbrecher. Unfähig zur Liebe und Solidarität verlässt sich Biberkopf

Gesamtentwicklung

nun nur noch auf sich selbst und muss angesichts der Komplexität der modernen Großstadt kläglich scheitern. Seine Bereitschaft zur Gewalt und sein ausgeprägtes egozentrisches Verhalten helfen ihm nicht weiter. Erst als er ganz am Boden liegt und die symbolische Figur des Todes ihm seine Fehler per Zwang aufzeigt, erfährt Biberkopf die entscheidende Wendung. Und mit ihm vollzieht sie der Leser, für den Döblins Protagonist ein exemplarischer Charakter ist.

Exemplarität und Vorbildfunktion

Auch wenn Biberkopf keine reine Identifikationsfigur ist – schließlich ist er Verbrecher und gewalttätiger Triebtäter –, so kann ihm der Leser seine Sympathie doch nie gänzlich

Rolle des Lesers

versagen. Dies liegt daran, dass Biberkopf sich in einer Situation befindet, die auch der Leser kennt. Döblin schildert Elementarsituationen des menschlichen Daseins und er führt das Scheitern einer beispielhaften Figur vor. Die zahlreichen Parallelgeschichten des Romans machen deutlich, dass die Wahl Döblins nur zufällig auf Biberkopf fällt. Er hätte auch eine ganz andere Figur zur Demonstration seines Anliegens auswählen können.

Reinhold

1. Einleitung

Neben Franz Biberkopf, dem Protagonisten in Döblins Roman „Berlin Alexanderplatz“, ist Reinhold diejenige Figur, die am meisten Raum innerhalb des Geschehens einnimmt. Sein Auftauchen zu Beginn des fünften Buches ist entscheidend für die weitere Entwicklung des Protagonisten, da er einen enormen Einfluss auf Biberkopf ausübt.

2. Hauptteil

Nachdem sich Franz vom ersten Rückschlag, dem Verrat und Vertrauensmissbrauch durch Lüders im dritten Buch, langsam erholt hat, lernt er im fünften Buch Reinhold kennen. Der kränklich-gelb aussehende Reinhold wird Biberkopf von Meck, einem Mitglied der Pums-Bande, als „Hauptmacher“ (S. 177) vorgestellt und übt von Anfang an eine enorme Anziehungskraft auf Biberkopf aus (vgl. ebd.). Reinhold wird als schlanke Person beschrieben, mit langem, hohem, gelblichem Gesicht, „auffällig an ihm waren die starken Querfalten an der Stirn“ (ebd.). Materiell eine eher ärmliche Gestalt mit „gelbe[n] elende[n] Stiefel[n]“, wirkt Reinhold anfangs unscheinbar und schwindsüchtig. Er ist Abstinenzler, ernährt sich vor allem von Kaffee und Zitronenlimonade und wird von Biberkopf aufgrund seiner „traurige[n] Augen“ als bemitleidenswert eingeschätzt, eine fatale Fehleinschätzung, wie sich später herausstellen wird. Wie durch eine unsichtbare Kraft angezogen, sucht Biberkopf bewusst die Nähe Reinholds und erfährt so, dass dieser im „Obsthandel“ (ebd.) tätig ist, eine lächerliche Lüge und Schutzbehauptung des Kriminellen.

Aussehen

Persönliche Informationen

Angesichts seines unscheinbaren, eher abstoßenden Äußeren ist es erstaunlich, welch großen Erfolg Reinhold bei den Frauen hat. Nahezu wöchentlich legt er sich eine neue Geliebte zu. Das hieraus entstehende Problem löst Reinhold, indem er den anhänglichen Biberkopf bittet, sich um die von ihm „abgelegten“ Frauen zu kümmern. Wohl auch um sich bei Reinhold beliebt zu machen, tut Biberkopf ihm die-

Soziale Verhältnisse

Charaktereigenschaften und Wesensmerkmale

sen Gefallen und kümmert sich jeweils um die von diesem ausgemusterten Frauen. Der beschriebene „Frauenhandel“ ist so rege, dass die Vermutung naheliegt, es handle sich um gewerbsmäßige Prostitution. Aus dem Verhalten Reinholds lässt sich auf eine frauenverachtende Grundeinstellung schließen, er benutzt sie vor allem zur Triebbefriedigung, wie man auch an der am Ende stehenden Vergewaltigung und Ermordung Miezes sehen kann. Noch offensichtlicher wird die Fehleinschätzung Biberkopfs, der Reinhold „[m]it Bewunderung und Vergnügen“ (S. 182) entgegentritt, durch den Wandel Reinholds, der schon dadurch deutlich wird, dass dieser Biberkopf als einen „kolossale[n] Dussel“ mit einem „kleenen Webefehler“ (S. 180) bezeichnet. Von Biberkopf radikal unterschätzt, entpuppt er sich auf einem der Raubzüge der Pums-Bande als janusköpfig, d. h. doppelgesichtig. Das „zweite Gesicht“ Reinholds offenbart sich durch gnadenloses, kühl-analytisches Verhalten auf der Flucht von einem Einbruch. Hier zeigt sich der präzise Befehle gebende Reinhold Biberkopf überlegen, seine Handlungen sind brutal-gewalttätig und von Rachsucht und Menschenverachtung geprägt. So zögert er keinen Augenblick, Biberkopf erbarmungslos aus dem fahrenden Fluchtauto zu stoßen, dieser wird von einem folgenden Auto überfahren und verliert seinen Arm. Dabei wird die Nähe Reinholds zum Schnitter Tod deutlich, der als Leitmotiv das Leiden Biberkopfs kommentierend begleitet. Häufig werden Überlegungen Reinholds nämlich von Aussagen des Todes unterbrochen bzw. kommentiert (vgl. S. 182f.).

Entwicklung der Figur: Janusköpfigkeit

Sprachgebrauch und -verhalten

Durch seinen Sprachgebrauch wird deutlich, dass Reinhold wie auch Biberkopf ungebildet ist und einer sozial niederen Schicht zugehörig ist. Sein starkes Stottern (vgl. S. 177) ist ein Grund dafür, dass Biberkopf ihn anfangs unterschätzt. Interessanterweise ist dieses Stottern in dem Moment verschwunden, in dem Reinhold zum Anführer der Pums-Bande wird. Von diesem Moment an sieht er Biberkopf als Feind an, den es zu vernichten gilt. Als Biberkopf in seiner Renommiersucht den Fehler begeht, Reinhold von seiner großen Liebe Mieze zu erzählen, nutzt dieser die offene Flanke der Hauptfigur aus und kann seinen „Haß" (S. 188) ausleben: Er fasst den Plan, Biberkopf Mieze auszuspannen. Dies gelingt auch deshalb, weil dieser die Bösartigkeit Reinholds auch nach dem fatalen Autounfall nicht erkennt und ihn weiterhin für einen guten Menschen hält. Dabei hat dieser nur noch Verachtung für Biberkopf übrig: „‚Ich kann Krüppel nich leiden, Krüppel ist vor mir ein Mensch, der zu nischt taugt. Wenn ick nen Krüppel sehe, sag ich: denn mal lieber ganz weg damit.'" (S. 296) Mit der Ermordung Miezes nimmt Reinhold Biberkopf das Wichtigste weg, was dieser besitzt. So versetzt er ihm den entscheidenden dritten Schlag, der zum symbolischen Tod des Protagonisten führt und das Ende des Romans einleitet.

Reinhold hasst Biberkopf

Insgesamt kommt der Figur Reinhold eine entscheidende Bedeutung für Döblins Hauptfigur zu: Er beschleunigt Biberkopfs Wandel vom anständigen Menschen hin zu einem Verbrecher und Hehler und bringt diesen endgültig auf die schiefe Bahn. Das zentrale Motiv – die Blindheit Biberkopfs – wird an ihm besonders exemplarisch, denn statt die Bösartigkeit Reinholds zu erkennen, spricht Biberkopf sogar von Liebe zu diesem (vgl. S. 299). Damit kann man Reinhold als den einen von zwei Polen begreifen, zwischen denen sich Biberkopf bewegt: der „eine ist seine Mieze" als Personifikation des Guten und Menschenfreundlichen, „der andere ist – Reinhold" (S. 299) als Verkörperung des Bösen. Nicht zufällig erscheint sein Äußeres morbid und dämonengleich. Teuflische Attribute werden Reinhold am Ende des Romans sogar explizit zugeschrieben: „[...] das höllische Feuer blitzt dem aus den Augen und ihm wachsen Hörner aus dem Kopf [...]." (S. 438) Erst jetzt kann Biberkopf einsehen, dass sein Verhalten gegenüber Reinhold falsch war. Insofern kann man Reinhold als für die Entwick-

3. Schlussteil

Gesamtdeutung

lung und Erkenntnisprozesse Biberkopfs notwendigen Katalysator (Beschleuniger) verstehen.

Mieze

1. Einleitung Mieze ist die für Franz Biberkopf wohl wichtigste Frauenfigur in Döblins Roman „Berlin Alexanderplatz". Während für Biberkopf viele Frauen ausschließlich zur Triebbefriedigung und Angeberei da sind, erscheint Mieze hier als Ausnahmeerscheinung, denn es ist ihre Ermordung durch Reinhold, die Biberkopf den entscheidenden Schlag versetzt.

2. Hauptteil Franz Biberkopf lernt Mieze, die eigentlich Emilie Parsunke heißt, im sechsten Buch kennen. Gerade hat er den zweiten Tiefschlag erhalten und infolge des fehlgeschlagenen Raubzugs mit der Pums-Bande seinen Arm verloren. Für Biberkopf geht es in seiner Situation also darum, neuen „Mut" (S. 239) zu fassen. Auch deshalb schanzt ihm Eva ein Mädchen zu. Mieze, von Biberkopf zärtlich „‚sein Miezeken'" (S. 257) genannt, stammt vom Lande. Von ihrem
Äußeres hübschen Anblick ist Biberkopf „auf den ersten Blick entzückt" (S. 256). Beschrieben wird sie als „kleine Person", die „im weißen leichten Kleidchen mit bloßen Armen wie ein Schulmädchen" (ebd.) aussieht, obwohl sie offensicht-
Sozialer Status lich als Prostituierte ihr Geld verdient. Das Verhältnis zwi-
Persönliche Informationen schen Mieze und Biberkopf unterscheidet sich von vorherigen Beziehungen vor allem durch die Intensität, mit der Mieze sich um Biberkopf kümmert. Beinahe auf mütterlich-anrührende Weise sorgt sie sich um den Versehrten, ist sich sogar nicht zu schade dafür, den Lebensunterhalt ihres Freundes zu finanzieren, indem sie sich prostituiert. Noch nach ihrer Ermordung durch Reinhold, dem es darum geht, Biberkopf das Einzige zu nehmen, was ihm wirklich wichtig ist, spricht der Erzähler von Miezes „inniger, unauslöschlicher Liebe" zu Biberkopf, „der ihr Mann war und

den sie betreute wie ein Kind" (S. 378). Damit ist wohl ihr Hauptcharakterzug treffend beschrieben und auch der Unterschied zu Biberkopf selbst wird deutlich: Anders als ihr Geliebter ist Mieze in der Lage, in der Liebe sich selbst zu geben; sie verfolgt im Rahmen ihrer Beziehung keine andere Absicht als die absolute Liebe, anders als Biberkopf, der mit ihr renommiert, funktionalisiert sie ihre Beziehung nicht. In ihrer Aufrichtigkeit, Ehrlichkeit und Authentizität ist sie das Gegenstück zu Biberkopf, vor allem aber zur Kontrastfigur Reinhold, dem personifizierten Dämon. Die Aufopferungsbereitschaft Miezes wird schon sehr früh deutlich. Als der misstrauische Biberkopf Mieze nach einem vermeintlichen Fremdgehen in einem seiner typischen aggressiven Anfälle brutal verprügelt, ist dieses Verbrechen für sie noch kein Grund, ihren Geliebten zu verlassen. Im Gegenteil, sie gibt sich für das unentschuldbare Verhalten Biberkopfs sogar selbst die Schuld.

Charaktereigenschaften und …

… Wesensmerkmale

Es ist Mieze, der es gelingt, Biberkopfs andere Seite zu zeigen. Während er dem Leser anfangs vor allem durch seine Triebhaftigkeit, seine Emotionalität und aufbrausende Gewaltbereitschaft auffällt, ist es Mieze, die sein anderes, weicheres Gesicht zum Vorschein bringt. Auch wenn der Tod Biberkopf am Ende rücksichtslose Selbstliebe (vgl. S. 380) vorwirft, so zeigt sich in der Beziehung Biberkopfs zu Mieze doch auch eine andere, bisher unbekannte Seite, denn Döblins Protagonist sagt von seinem Mädchen: „[…] ich hab das Mädel so lieb." (S. 263) Das zwischenzeitliche, nicht dauerhafte Glück, das Biberkopf erfährt, hängt unmittelbar mit Mieze zusammen: „Und er wühlt seinen Kopf auf ihrem Schoß. Er zieht sie herüber zu sich, kann sich nicht genugtun, sie anzusehen, zu drücken, das Mädel zu fühlen. Jetzt bin ich wieder ein Mensch, […], nee, ick laß dir nicht, ick laß dir nicht, und da kann passieren, was will." (S. 264) Doch mit ihrem Verschwinden scheint auch die Gemütsveränderung Biberkopfs ihr Ende zu finden, denn

Verhältnis und Beziehung zu anderen Figuren

Eva macht ihm zum Vorwurf, das Verschwinden Miezes gar nicht zu betrauern: „‚Daß du gar nicht betrübt bist, keene Träne, – Mann, ich könnte an dir rütteln, ich kann doch nichts machen.‘“ (S. 363)

3. Schlussteil

Funktion

Alles in allem kommt Mieze im Romangeschehen also die Funktion zu, ein anderes, nicht egoistisches Menschsein vorzustellen. Ihr hingebungsvolles, liebenswürdiges, nie kalkulierendes Verhalten kontrastiert stark mit der Funktionalisierung von Menschen, die Biberkopf nach seinem Unfall ausmacht. Dessen ausgeprägtes Geltungsbedürfnis sowie sein Hang zu kraftmeierischer Protzerei sorgen dafür, dass die Utopie des Glücks nicht von Dauer ist. Mit der Ermordung Miezes werden Biberkopf die Augen geöffnet; er weiß jetzt um seine Fehler: „Wat hab ich gemacht. Warum hab ich sie nicht mehr. Hätt ich sie nicht Reinholden gezeigt, hätte ich mich nicht mit dem eingelassen. Wat hab ich gemacht.“ (S. 441) Miezes Tod erscheint damit in der Rückschau als funktional notwendig, ihre Figur gewinnt ihre Relevanz durch ihre Funktion, die sie für den inneren Entwicklungsprozess Biberkopfs hat. Eigenständigkeit kommt ihr letztlich nicht zu.

Eva und Herbert

1. Einleitung

In Alfred Döblins Roman „Berlin Alexanderplatz“ sind Eva und Herbert die wichtigsten Freunde, welche die Hauptfigur Franz Biberkopf überhaupt hat.

2. Hauptteil

Charaktereigenschaften

Ihre Bedeutung gewinnen sie in dem Moment, in dem Biberkopf nach dem Verlust seines Arms um sein Leben ringt. In aufopferungsbereiter Art und Weise versorgen die beiden den lädierten Franz und bringen ihn in ein Magdeburger Krankenhaus, wo ihm aufgrund der Schwere der Verletzungen ein Arm amputiert werden muss. Auch noch nach der Rückkehr Biberkopfs nach Berlin sorgen Eva und Herbert in rührender Weise für Franz’ materielles Überleben, beispielsweise indem sie diesem erlauben, in ihrer Wohnung zu leben.

Soziales Milieu

Beide Figuren entstammen demselben sozialen Milieu wie Biberkopf, der Herberts Bekanntschaft noch vor seiner Zeit im Tegeler Gefängnis gemacht hat. Herbert verdient seinen Lebensunterhalt mit kleinen Gaunereien, mit der Prostitution seiner Freundin Eva erklärt er sich wohl oder übel einverstanden und fungiert offensichtlich auch als ihr Zuhälter.

3. Schlussteil

Funktion

Die wesentliche Funktion beider Figuren ist schnell beschrieben: Anders als die Mitglieder der Pums-Bande zeigen die von den Umständen genötigten einfachen Kriminellen, dass auch unter sehr ungünstigen äußeren Umständen ein anständiges Leben möglich ist, denn Eva und Herbert erweisen sich als echte Freunde, deren liebevolles Verhalten von Biberkopf nicht erkannt wird. Schließlich weigert er sich, seine Freunde, die ihm die soziale Integration nach seinem schwerwiegenden Unfall ermöglichen, über die Hintergründe der Tat aufzuklären. Nicht einmal Menschen, die durch ihre hingebungsvolle Zuwendung bewiesen haben, dass sie auf seiner Seite stehen, kann Biberkopf sich öffnen. Darin erweist sich sein Versagen, dass es ihm nicht gelingt, sich anderen Menschen zu öffnen, sich ihnen anzuvertrauen, zu lieben. Erst am Ende des Romans, nach seinem symbolischen Tod, sieht er dies ein: „Viel Unglück kommt davon, wenn man allein geht. Wenn mehrere sind, ist es schon anders." (S. 453) Genau in dieser Erkenntnis sind ihm Eva und Herbert voraus gewesen, in ihrem sozialen und menschlichen Verhalten kontrastieren sie in ausgeprägter Form mit Biberkopfs Egozentrik und Selbstliebe.

Kontrastfiguren

Der Blick auf den Text: Die Analyse eines Erzähltextes

Einen Romanauszug analysieren – Tipps und Techniken

Bevor Sie im Rahmen einer Textanalyse (Beschreibung und Deutung eines Textes) mit dem Schreiben beginnen, empfehlen sich die nachfolgend aufgeführten Vorarbeiten.
Für die Analyse eines Textauszugs stehen grundsätzlich zwei verschiedene Methoden zur Auswahl: die Linearanalyse und die aspektgeleitete Analyse.

In der **Linearanalyse** werden die einzelnen Abschnitte systematisch analysiert, d.h. ihrer Reihenfolge nach. Dies führt in der Regel zu genauen und detaillierten Ergebnissen. Allerdings besteht die Gefahr, dass zu kleinschrittig gearbeitet wird und die übergeordneten Deutungsaspekte des Auszugs aus dem Blick geraten.

In der **aspektgeleiteten Analyse** werden diese Deutungsschwerpunkte von vornherein festgelegt. Daraus ergibt sich in der Regel eine problemorientierte und zielgerichtete Vorgehensweise. Dabei werden jedoch die Deutungsaspekte, die nicht im Fokus des Interesses stehen, vernachlässigt. Häufig ist dies bei Aufgaben der Fall, bei denen Sie zwei Texte miteinander vergleichen müssen.

Möglich sind auch Mischformen beider Analyseformen, indem z.B. inhaltlich streng linear vorgegangen wird, danach aber besonders relevante Aspekte wie z.B. die auffällige Erzähltechnik intensiver behandelt werden.

In beiden Fällen ist es im Rahmen Ihrer Textanalyse hilfreich, folgende Fragen für sich zu beantworten:

- Wo liegt der zentrale Konflikt, das Problem?
- Wie verläuft die Handlung, wie ist der Text aufgebaut? Gibt es eine Entwicklung, einen Spannungsbogen? Kann man zwischen einer Haupt- und Nebenhandlung unterscheiden?
- Wodurch zeichnet sich der Charakter der Figuren aus? Welche Beziehung besteht zwischen den Figuren?
- Welche Atmosphäre herrscht vor? Wo spielt die Handlung? Kommt dem Handlungsort eventuell symbolische Bedeutung zu?
- Gibt es Auffälligkeiten in Syntax (Satzbau) und Wortwahl? Kommen rhetorische Mittel oder bildhafte Ausdrücke wie z. B. Metaphern oder Alliterationen zum Einsatz? Welche Wirkung wird dadurch erzielt? Ist der Stil des Textes eher gehoben oder alltagssprachlich?
- Welche Erzählperspektiven kommen vor (Innen- und Außensicht)? Welchen Erzählstandort nimmt der Erzähler ein (Distanz oder Nähe)? Welches Erzählverhalten (personal, neutral, auktorial) liegt vor? Welche Erzählform hat der Autor gewählt (Ich-Erzählung, Er-/Sie-Erzählung)? Welche besonderen Formen der Redewiedergabe fallen auf (Erzählerbericht, erlebte Rede, direkte oder indirekte Rede, innerer Monolog, Bewusstseinsstrom)?
- Welche Bedeutung hat der Titel? In welchem Zusammenhang stehen Titel und Erzähltes?

Aufbauschema

1. Einleitung:
Themensatz: Autor, Titel, Textsorte, Erscheinungsjahr, Thema, kurze Inhaltsangabe

2. Einordnung des Textauszugs in die Erzählung/den Roman:
Was geschieht vorher, was danach?

Linearanalyse

aspektgeleitete Analyse

3. Inhaltlicher Aufbau:
- Auflistung der Textabschnitte/Textgliederung

4. Beschreibung und Deutung der unter 3. angegebenen Textabschnitte:
- Aussagen zum Inhalt des Abschnitts
- Aussagen zur Deutung, Einbettung in den Zusammenhang der Erzählung/des Romans
- Einbezug der sprachlichen Gestaltung
- Überleitung zum nächsten Textabschnitt

3. Untersuchungsschwerpunkte:
- Auflistung der ausgewählten Untersuchungsaspekte

4. Beschreibung und Deutung der unter 3. angegebenen Aspekte:
- Benennen des jeweiligen Aspekts
- Aussagen zur Deutung, Einbettung in den Zusammenhang der Erzählung/des Romans
- Einbezug der sprachlichen Gestaltung

5. Schluss:
- Zusammenfassung der Ergebnisse
- Einordnung in einen größeren Zusammenhang
- Bewertung, ggf. Aktualisierung

Beispielanalyse: Der Romananfang „Mit der 41 in die Stadt“ (linear)

Aufgabe: Analysieren Sie die Exposition des Romans „Berlin Alexanderplatz“ von Alfred Döblin unter besonderer Berücksichtigung der Erzählweise. (S. 15/ Z. 1–S. 17/Z. 14, „Er stand vor dem Tor des Tegeler Gefängnisses ... und sie vor- und rückwärts zu bewegen.“)

Der vorliegende Textauszug stammt aus dem expressionistischen Großstadtroman „Berlin Alexanderplatz“ (1929) von Alfred Döblin. Der Auszug steht ganz am Anfang des Romans und beschreibt die ersten Schritte des ehemaligen Häftlings Franz Biberkopf in der neu gewonnenen Freiheit. Mit dieser Freiheit scheint Döblins Protagonist jedoch nicht fertig zu werden, die Vielfalt der städtischen Eindrücke überfordert ihn und macht die Desorientierung und Verwirrung Biberkopfs umso deutlicher, der sich im großen Berlin fremd fühlt.

Einleitung mit ersten Informationen

Thema

Der erste Sinnabschnitt der Exposition beginnt mit dem vor den Toren des Tegeler Gefängnisses stehenden Protagonisten, der sich kurz an die hinter ihm liegende Zeit als Sträfling erinnert. Wider Erwarten setzt sich Biberkopf jedoch nicht sofort in Bewegung, sondern lässt die Straßenbahn, mit der er fahren sollte, vorbeirauschen. Der Leser erhält einen Einblick in das Innenleben Biberkopfs, der diesen Moment der Freiheit als „schreckliche[n] Augenblick“ (S. 15) wahrnimmt. Die realen Verhältnisse werden umgekehrt, denn Biberkopf kann seine neue Freiheit nicht genießen, vielmehr beneidet er seine ehemaligen Mitgefangenen, die jetzt noch im Gefängnis ihrer alltäglichen Arbeit nachgehen dürfen (vgl. ebd.).

Hauptteil: inhaltlicher Aufbau 1. Abschnitt

2. Abschnitt

Kurze Zeit später – mit Beginn des zweiten Sinnabschnitts (S. 15, Z. 14ff.) – hat sich Biberkopf dann endlich überwunden und genug Mut gefasst, um doch noch in die Straßenbahn zu steigen, die ihn in die Stadt bringen wird. Sein innerer Zustand aber verändert sich kaum, Biberkopf fühlt sich nervös wie „beim Zahnarzt“ (S. 15), er kann mit der neuen Situation nicht umgehen und hat Angst vor den Menschenmassen. Schnell wechselnde Reize sind offensichtlich eine zu große Herausforderung für seinen Monotonie gewohnten Wahrnehmungsapparat. Ein- und aussteigende Fahrgäste, das Rufen der Zeitungsjungen und die neuen blauen Uniformen der Schupos verwirren ihn (S. 15, Z. 23–28).

3. Abschnitt

Im dritten Sinnabschnitt erfährt der Leser von seinem fluchtartigen Ausstieg aus der Straßenbahn am Rosenthaler Platz (S. 15, Z. 28). Biberkopf redet sich selbst Mut zu, der Leser hat an seinen Gedanken teil, erfährt, wie sehr sich Döblins Protagonist über die sich offenbar stark veränderte Großstadt wundert und von ihr verängstigen lässt. Hinter den Gesichtern der anonymen Menschen verbirgt sich für Biberkopf nichts. Menschen, Straßenbild und Häuser sind für ihn kaum noch auseinanderzuhalten.

4. Abschnitt

Im vierten Sinnabschnitt (S. 16, Z. 15ff.) wird geschildert, wie Biberkopf den Rosenthaler Platz verlässt. Er geht die Straße hinunter und macht einige Erfahrungen, die schon jetzt Aufschluss über seinen kritischen inneren Zustand und das mögliche weitere Geschehen geben. Der Abschnitt endet mit einer Erinnerungssequenz, Biberkopf denkt an die gute alte Zeit im Gefängnis zurück.

Analyse des ersten Abschnitts: Erzähltechnik

Die ersten Eindrücke von Franz Biberkopf sind für den Leser verwirrend. Dies hängt vor allem mit der Erzähltechnik zusammen, die Döblin in seiner Romanexposition zur Anwendung bringt. Anders nämlich als im Roman des klassischen Realismus, der die Lesegewohnheiten bis heute prägt, hat der Leser es hier nicht durchgehend mit einem auktorialen Erzähler zu tun, der ihn allwissend durch das

Geschehen führt und offene Fragen für diesen klärt oder beantwortet. Zwar beginnt der Roman anfangs noch mit einem berichtenden, klassischen Er-/Sie-Erzähler, dessen Erzählhaltung man als distanziert und sachlich bezeichnen kann. Doch schon in Zeile 8 findet plötzlich ein Wechsel der Erzählperspektive (Ich-Erzähler) statt, da die Sprache nun dialektal gefärbt erscheint und Biberkopf als Angehörigen einer niederen sozialen Schicht charakterisiert. Die in Klammern gesetzten Worte „schrecklich, Franze, warum schrecklich?" (Z. 8) dürften Teile des inneren Monologs sein, an dem der Leser auch in der Folge noch teilhaben darf. Auffällig ist jedoch, dass sich mit dem Wechsel der Erzählperspektive von Außen- zur Innensicht auch sofort eine andere Erzählhaltung ergibt: Biberkopf selbst ist verunsichert und muntert sich auf. Der Zeile 14 kommt eine Sonderrolle zu, denn die drei Worte „Die Strafe beginnt" nehmen die ganze Zeile in Anspruch, was für ihre besondere Bedeutung spricht. Es ist wahrscheinlich, dass sie von einem auktorialen Erzähler in kommentierender Weise gesprochen werden, denn angesichts des inneren Gemütszustandes Biberkopfs ist es eher unwahrscheinlich, dass dieser selbst zu einer solch analytischen Reflexionsleistung schon in der Lage ist.

Er-/Sie-Erzähler
Erzählhaltung
Sprache

innerer Monolog

Wechsel der Erzählperspektive

auktorialer Erzähler

Im zweiten Sinnabschnitt schließen sich mehrere unvermittelte Höreindrücke, die an eine Collage erinnern, an: „‚Zwölf Uhr Mittagszeit'", „‚B.Z.'", „‚Die neueste Illustrierte'", „‚Noch jemand zugestiegen'". Diese Sätze sind Teil der Montagetechnik Döblins. Hier kommen weder der klassische auktoriale Erzähler noch der Ich-Erzähler zu Wort, sondern die städtische Umwelt wird durch eine geschickte Montage ihrer Töne zum Sprechen gebracht. Man kann diese Montage als eine Art unabhängige dritte Stimme bezeichnen. Mithilfe der Montage verdeutlicht Döblin die Vielfalt der auf seinen Protagonisten einströmenden Eindrücke, die dieser nicht mehr beherrschen kann und der

Analyse des zweiten Abschnitts:

Montagetechnik

Funktion

rhetorische Figur: Vergleich

deshalb vor ihnen flieht. Ein Vergleich mit den negativen, angstbesetzten Gefühlen, die man gemeinhin beim Zahnarzt hat, verdeutlicht Biberkopfs Emotionen des Ausgeliefertseins. Die Darbietungsweisen wechseln auch hier sehr schnell. Der kurze innere Monolog aus personaler Perspektive – „Die Schupos haben jetzt blaue Uniformen" (S. 15, Z. 27f.) – wird abgelöst durch einen Satz, den der auktoriale Erzähler spricht.

Analyse des dritten Abschnitts: erlebte Rede

Damit beginnt der dritte Abschnitt. Dem vorangegangenen Satz wiederum folgt einer in erlebter Rede: „Was war denn?" Biberkopf beantwortet ihn selbst: „Nichts." (Z. 29) Über mehrere Sätze hinweg dominiert nun personales Erzählen in Form von innerem Monolog und Bewusstseinsstrom, die an dieser Stelle deshalb geeignet erscheinen, weil der Leser auf diese Weise einen guten Einblick in das verwirrte Seelenleben der Hauptfigur vermittelt bekommt. Die Desorientierung Biberkopfs und seine Verzweiflung werden auch auf syntaktischer Ebene deutlich, wenn die Bindestriche (S. 16, Z. 9–13) zu einem stockenden Lesen führen und auch der Leser – ähnlich wie Biberkopf selbst – Probleme damit hat, die Zeichen der äußeren Realität adäquat zu deuten.

Syntax

Analyse des vierten Abschnitts:

Dann beobachtet Biberkopf in einer kleinen Kneipe ein Paar, das sich gegenseitig füttert (4. Sinnabschnitt). Er selbst kann diesen eigentlich normalen Vorgang jedoch nicht mehr richtig deuten. Er hält die Turtelei des Mannes und der Frau fälschlicherweise für einen aggressiven Akt und wundert sich, dass das In-den-Mund-Stecken der Fleischstücke nicht zu Blutungen führt. Ein weiteres Indiz dafür, dass Biberkopf selbst banale alltägliche Vorgänge nicht mehr realitätsnah interpretieren kann. Sich einstellende Magenkrämpfe belegen diese Einschätzung. Da ihm der Weg zurück in das gute alte Gefängnis versperrt ist, muss Biberkopf sich regelrecht zwingen, weiterzugehen. Er flüchtet vor den ihn beängstigenden Eindrücken in eine dunkle Straße, doch auch hier toben und klingen die Wagen weiter (vgl. S. 17, Z. 2f.). Ein verunsicherter Blick nach oben soll sicherstellen, dass die Dächer von den Häusern nicht herabfallen. Biberkopf schleicht an Häuserfronten entlang. Manchmal erinnert er sich wehmütig an die beruhigende, da immer gleiche Struktur des Gefängnislebens, dann wiederum spricht er sich Mut zu in der Hoffnung, sein neues Leben doch noch bewältigen zu können. Gegen Ende des Abschnitts wird die verzweifelte Erzählhaltung durch eine sachlichere ergänzt, die für Ruhe und Gelassenheit sorgen soll. Dieses Bestreben setzt sich jedoch nicht dauerhaft durch, denn schon die Frage „Wo soll ick armer Deibel hin [...]“ (S. 17, Z. 6f.) wirft als Teil eines neuen inneren Monologs die alte Frage auf, was Biberkopf nun mit seinem neuen Leben anfangen soll. Eine Frage, auf die er zumindest zu Beginn des Romans keine beruhigende Antwort findet, an der er sich aber über die gesamte Romanhandlung hinweg abarbeitet.

Erzählhaltung

Insgesamt erfüllt der Romananfang die Erwartungen, die man im Allgemeinen an eine Exposition hat. Er stellt uns die Hauptfigur des Romans „Berlin Alexanderplatz“ als ehemaligen Ex-Sträfling vor. Zugleich benennt er das Thema des Romans: Es geht um die Frage, ob und auf welche Weise es einem ehemals von der Gesellschaft Ausgestoßenen gelingen kann, in der modernen Großstadt Berlin Fuß zu fassen. Der Auszug macht deutlich, dass dies von Biberkopf zu Beginn des Romans keinesfalls gelingt. Biberkopf scheint mit der neuen Situation und der Vielfalt an lärmenden Reizen nicht klarzukommen. Seine Umwelt kann er nicht zufriedenstellend deuten, er sehnt sich deshalb zurück in die Übersichtlichkeit der strukturierten Gefängniszeit. Doch diese Möglichkeit bleibt ihm versperrt.

Schlussteil: Hauptfigur

Thema

Funktionsweise

Dass der Leser nach der ersten Lektüre scheinbar ebenso verwirrt wie Biberkopf selbst ist, hat vor allem mit der raffinierten Erzählweise des Autors zu tun. So pendelt das Erzählverhalten zwischen auktorialen, personalen und neutralen Sequenzen, erzählperspektivisch kommen sowohl die Innen- als auch die Außensicht zum Tragen und als Erzählform sowohl Ich- als auch die klassische Er-/Sie-Erzählung. Die häufige Kombination von besonderen Formen der Redewiedergabe – Erzählerbericht, erlebte Rede, direkte oder indirekte Rede, innerer Monolog, Bewusstseinsstrom – macht es dem Leser nicht leicht, zwischen objektiver Wahrheit und subjektivem Erleben Biberkopfs zu unterscheiden. Er wird durch diese Art des modernen Erzählens in den Sog Biberkopfs mit hineingezogen und damit zugleich in dessen Probleme. Form (Sprache, Erzähltechniken) und Inhalt (Thema) stehen also in einem direkten und funktionalen Verhältnis zueinander und ergänzen sich gegenseitig: Die überfordernde Komplexität des alltäglichen modernen Lebens wird gespiegelt durch die Unfähigkeit eines einzelnen auktorialen Erzählers, der die Wirklichkeit erzählerisch nicht mehr in geordnete und strukturierte Bahnen lenken kann. Darin besteht die Modernität des döblinschen Erzählens, dass das Erzählen immer fragwürdiger wird. So wie Biberkopf in diesem Auszug von den in seiner Wahrnehmung wankenden Häuserfronten und rutschenden Dächern Berlins beunruhigt ist, so orientierungslos findet sich auch der Leser zu Beginn des Romans wieder, der auf den ihn leitenden klassischen auktorialen Erzähler vergeblich wartet. Den Sinn muss er sich selbst aufbauen.

Form und Inhalt

Bewertung

Rolle des Lesers

Textauszüge vergleichen – Tipps und Techniken

Neben der klassischen Textanalyse, deren Vorgehensweise und mögliche Ausgestaltung Sie im vorigen Abschnitt kennengelernt haben, wird im Unterricht der gymnasialen Oberstufe häufig auch ein Textvergleich eingefordert. Zumeist werden dabei zwei kleinere Textauszüge angeboten, die inhaltlich und/oder formal miteinander zu vergleichen sind. Je nach Aufgabenstellung erhalten Sie entweder konkrete Hinweise, auf welche Vergleichsaspekte man besonders achten soll, oder die Aufgabenstellung ist offen formuliert, sodass es die Aufgabe des Interpreten ist, diese notwendigen Vergleichsaspekte zu erarbeiten. Der in der Oberstufe und im Abitur häufig anzutreffende Aufgabentypus, der den Vergleich ohne genaue Hinweise auf Vergleichsaspekte einfordert, ähnelt der Aufgabe der aspektgeleiteten Textanalyse. Das ist deshalb von Bedeutung, weil es für den Interpreten schon allein aus Zeitgründen unmöglich ist, auf sämtliche Details einzugehen. Dies ist auch zumeist nicht sinnvoll, da nicht allen die gleiche Bedeutung für das Verständnis zukommt. Bei den Vorarbeiten kommt es also darauf an, die wesentlichen formalen wie inhaltlichen Aspekte bzw. Kriterien zu identifizieren, bei denen sich ein Vergleich lohnt beziehungsweise die durch die Aufgabenstellung eingefordert werden.

Arbeitsschritte/Vorarbeiten

Vor dem Verfassen des Textvergleichs sind folgende Arbeitsschritte empfehlenswert:

a. erstes Lesen beider Texte, erste Leseeindrücke notieren

b. erneutes, zweites und gründlicheres Lesen, dabei Texte mit Markierungen, Unterstreichungen und Randbemerkungen versehen

c. Reflexion: Beim Betrachten Ihrer Markierungen, die sich sowohl auf inhaltliche als auch auf formale Besonderheiten beziehen können, suchen Sie nach Kriterien, anhand derer sich ein Textvergleich durchführen lassen könnte.

d. Machen Sie sich klar, worin die Gemeinsamkeiten und Unterschiede in den Aussagen bestehen, welche die beiden Texte zu den von Ihnen ausgewählten Aspekten machen. Ob Ihr Vergleichskriterium trägt, finden Sie am besten heraus, wenn Sie dazu eine Tabelle anlegen und in dieser stichpunktartig die Vergleichsergebnisse notieren:

Vergleichs-aspekt	Text A	Text B
Figuren		
Sprache		
Syntax		
Handlung		
(Leit-)Motive		
Thema		
...		

e. Formulieren Sie nun Ihren Aufsatz mit Einleitung, Hauptteil und Schluss. Achten Sie darauf, dass Sie zu Beginn des Hauptteils beide Texte kurz inhaltlich zusammenfassen, bevor es zum aspektgeleiteten Vergleich kommt. Ansonsten können Sie sich an den Hinweisen zum linear-analytischen Aufsatz (s. S. 150 ff.) orientieren.

Beispielanalyse: Textvergleich (aspektgeleitet)

Aufgabe: Vergleichen Sie den Textauszug aus der Schlachthof-Sequenz (S. 140, Z. 31 bis S. 142, Z. 34; „Viehmarkt Auftrieb: 1399 Rinder, 2700 Kälber, …" – „… Fröhliche Weiden, dumpfer, warmer Stall.") mit der Beschreibung des Baustellengeschehens am Alexanderplatz, insbesondere der Dampframme (S. 165, Z. 1 bis S. 169, Z. 23; „Rumm rumm wuchtet vor Aschinger auf dem Alex die Dampframme …" – „… aber die machen das egal weg.").

Die beiden vorliegenden Textauszüge stammen aus Alfred Döblins berühmtem Roman „Berlin Alexanderplatz", der 1929 erstmals veröffentlicht wurde und bis heute als Klassiker der modernen Literatur gilt. Der erste Auszug ist der sogenannten Schlachthof-Sequenz entnommen. Der hier detailliert geschilderten Schlachtung eines Stiers geht die Beschreibung der Massentötung von Schweinen im Großschlachthof Berlins voraus. Der zweite Textauszug steht ganz zu Beginn des fünften Buches des Romans. In ihm werden die Bauarbeiten am Berliner Alexanderplatz geschildert, insbesondere die Arbeit der sogenannten Dampframme beziehungsweise die Reaktion der Menschen auf eben dieses Großwerkzeug. Thematisch scheint es in beiden Auszügen um die Auswirkungen von Gewalt zu gehen, einmal bezogen auf den Umgang des Menschen mit Tieren, das andere Mal um die Auswirkungen von urbändiger Kraft auf den Menschen. Im Rahmen eines Textvergleichs ist die Frage zu klären, was beide Auszüge darüber hinaus miteinander zu tun haben bzw. was sie verbindet und welche Rolle sie für die Gesamtaussage des Romans spielen.

Einleitung

Nennung der Textauszüge

Thema

Arbeitsfrage

Der Textauszug aus der Schlachthof-Sequenz beginnt mit einer Aufzählung der Tiere – einer großen Anzahl an Rin-

Hauptteil

Inhaltsangabe: Textauszug I

dern, Schafen und Schweinen –, die auf dem Viehmarkt gehandelt und anschließend geschlachtet werden. Im Mittelpunkt des Auszugs steht jedoch ein „großer weißer Stier“ (S. 141), dessen letzte Minuten vor dem Beginn der Schlachtung in gnadenloser Genauigkeit geschildert werden. Auch der eigentliche Vorgang der Schlachtung selbst wird erstaunlich sachlich und in großer Genauigkeit dargestellt. Minutiös wird beschrieben, in welcher Weise das Rückenmark des Stieres „zerquetscht“ (S. 142), die „Därme“ bewegt und das Messer „in den Hals neben der Kehle“ gestoßen wird (ebd.). Der Schlachtungsvorgang vollzieht sich offensichtlich in alltäglicher Routine, das ruhige, abgeklärte, fast beiläufige Verhalten der Schlächter steht dabei in Kontrast zum Todeskampf des gewaltigen Tieres, dem am Ende bereits das Fell vom Körper gezogen wird.

Inhaltsangabe: Textauszug II

Der zweite Textauszug schildert die Arbeiten an der Baustelle des Berliner Alexanderplatzes. Im Mittelpunkt steht ein mechanisches Großwerkzeug, die Dampframme. Ihre Aufgabe ist es, den Arbeitern zu helfen, indem sie mit ihrer gewaltigen Kraft die Schienen „wie nichts in den Boden“ (S. 165) haut. Diese Arbeitsvorgänge bleiben nicht ohne Wirkung: Zahlreiche Menschen bleiben an der Baustelle stehen und beobachten das eindrucksvolle Treiben, insbesondere die mit sprachlichem Witz beschriebene Dampframme, von der eine ganz besondere Faszination auszugehen scheint. Der Alexanderplatz wird äußerst lebendig geschildert: Tausende von namenlosen Menschen eilen in Hektik über ihn hinweg und müssen aufpassen, nicht von kreuzenden Straßenbahnen und Zügen überfahren zu werden. Dabei haben sie die Möglichkeit, Konsumartikel wie Zigaretten, Wurstwaren oder Bananen zu kaufen, bevor sie sich vor dem Restaurant Aschinger ein „hochinteressante[s] ‚Magazin‘“ (S. 167) kaufen und auf diese Weise ihre Langeweile vertreiben können. Straßenverkäufer und Schupos, Männer, Frauen und Kinder, Schüler, Rentner und Einkäufer – sie alle stehen in namenloser Gleichartigkeit nebeneinander. Für die Schilderung außergewöhnlicher oder einzelner Individuen ist angesichts der ungeheuren Masse von Menschen kein Platz und auch keine Zeit, da jeder eine bestimmte Funktion zu erfüllen hat. Am Ende des Auszugs kommt der Erzähler wieder auf das gewaltige und weiterhin beeindruckende, kraftvolle Wirken der „gefühllosen" Dampframme zu sprechen, mit der er das fünfte Buch eröffnet hatte.

Vergleichsaspekt: Handlung und Thema

Vergleicht man auf der Handlungsebene das Geschehen, so drängen sich auf den ersten Blick die Unterschiede, nicht die Gemeinsamkeiten auf, denn im ersten Textauszug geht es um die Schlachtung eines Stieres, im zweiten um die Beschreibung von Bauarbeiten am Berliner Alexanderplatz. Schaut man allerdings genauer hin, *wie* die jeweiligen Vorgänge beschrieben werden, dann werden durchaus Parallelen deutlich. Neben dem Detailreichtum, mit dem beide Vorgänge vom Erzähler beschrieben werden, ist es vor allem die Wucht der Gewalt, die beeindruckt. Nur mit Gewalt gelingt es beispielsweise, den Stier „mit Stöcken und Stößen vor den Schlächter" (S. 141) zu treiben. Hier erhält der Stier einen weiteren Schlag gegen das Hinterbein. Doch damit ist der Gewalt nicht genug. Gerade als der Stier sich mit seinem Schicksal abzufinden scheint, steht der Schlächter „mit dem aufgehobenen Hammer" hinter ihm und zieht ihm diesen „in das Genick" (ebd.). Mit einem Messer setzt der Schlachter den Tötungsvorgang fort, fährt dem Stier „in den Hals neben der Kehle" (S. 142), sodass das Blut über das Messer sprudelt. Die ausgeprägte Sachlichkeit dieser Schilderung ähnelt dem Habitus des Erzählens in der Alexanderplatz-Sequenz. Diese beginnt mit den Worten: „Rumm rumm wuchtet vor Aschinger auf dem Alex die Dampframme. Sie ist ein Stock hoch, und die Schienen haut sie wie nichts in den Boden." (S. 165) Und weiter im Arbeitsvorgang: „Ein Mann oben

Am Text belegen

zieht immer eine Kette, dann pafft es oben, und ratz hat die Stange eins auf den Kopf." (ebd.)

Vergleichsaspekt: Wortfeld, Sprache und Syntax

Die Parallelen zeigen sich auch bei einer Wortfeldanalyse. Die Stange, die bei den Bauarbeiten von der mächtigen Dampframme „eins auf den Kopf" bekommt (ebd.), ist ihrem Schicksal ausgeliefert, sie kann sich nur passiv verhalten und ihrer Bearbeitung nichts entgegensetzen: „[...] da kann sie machen, was sie will. Zuletzt ist sie weg." (ebd.) In gleicher Weise wird in der Schlachthof-Sequenz auf das unabänderliche Schicksal des Stieres hingewiesen, der nach anfänglicher Gegenwehr nun die Sinnlosigkeit eines Kampfes gegen das Unvermeidliche einsehen muss und weiß: „[...] das ist sein Schicksal, und es kann doch nichts machen." (S. 141) Ähnlich deutlich sind die Parallelen auch bei der Beschreibung des Kaufhauses Hahn, das abgerissen werden soll. Der Erzähler beschreibt diese Kaufhausruine als „leergemacht, ausgeräumt und ausgeweidet" (S. 167), und von der in den Boden zu rammenden Stange heißt es, sie sei „fein eingepökelt" (S. 165). In diesem Zusammenhang ist auch die Dominanz des Wortfelds „schlagen" erwähnenswert. Die Dampframme wuchtet, haut, zerschlägt, schlägt, ratscht nieder und schmeißt Dinge um (vgl. S. 165–169). Der Schlächter des Stieres hämmert, treibt, kracht, wirft, stößt, kracht und tritt (vgl. S. 141 f.).

Metaphorik

Auch syntaktisch gibt es auffällige Gemeinsamkeiten. Hier stechen vor allem die Sprachspiele ins Auge, die – zumindest in der Schlachthof-Sequenz – wie ein Fremdkörper anmuten und so gar nicht zum Geschilderten zu passen scheinen: „Der Hammer [...] ist hinter ihm, über ihm und dann: wumm herunter." (S. 141) Ganz ähnlich, fast schon sich reimend, heißt es auf der Baustelle: „Rumm rumm ratscht die Ramme nieder [...]." (S. 169) Gerade diese letzte Alliteration wirkt ironisch und verspielt, doch auch der Schlachtungsvorgang verliert an Brutalität und Gewalt durch das lautmalerische Sprachspiel („wumm").

Lautmalerei

Vergleichsaspekt: Figuren

Nur auf den ersten Blick scheint es im Hinblick auf die Figuren der beiden zu vergleichenden Abschnitte um verschiedene Dinge zu gehen, denn erst einmal sind die Gegensätze von Tieren und Menschen offensichtlich: Menschen sind vernünftige Kulturwesen, Tiere hingegen instinkt- und triebgesteuerte Naturwesen. Doch diese Unterschiede gelten für Döblin nicht, wie die Parallelen zeigen: Sowohl die Tiere im Schlachthof als auch die Städter Berlins sind Opfer mechanischer Gewalt. Sowohl der Dampframme als auch dem Schlächter ist es egal, wen sie bearbeiten. Der Einzelne, das Individuum, ist völlig uninteressant: „Männer, Frauen und Kinder [...] aufzuzählen und ihr Schicksal zu beschreiben, ist schwer möglich [...].“ (S. 168) Alle summen wie „die Bienen“ massenhaft „über den Boden her“ (S. 165). Von den Schupos, die das massenhafte Treiben auf dem Alexanderplatz kontrollieren sollen, heißt es, sie seien „scharf [...] auf Taille gearbeitet“ (S. 168). Individuelle Züge erhält auf der Baustelle kein Mensch, ein Polizist wird gar als „Exemplar“ (ebd.) bezeichnet. Hier dominiert also die Masse, der Einzelne geht unter in der Anonymität der Großbaustelle und dem Verkehrsknotenpunkt Alexanderplatz. Für die Schlachthof-Sequenz gilt das ebenfalls, denn auch hier geht es nicht um das einzelne Schicksal des geschlachteten Stieres, sondern um die Exemplarität des Vorgangs, was durch den Auftakt der Szene deutlich gemacht wird: „Viehmarkt Auftrieb: 1399 Rinder, 2700 Kälber, 4654 Schafe, 18864 Schweine. Marktverlauf: Rinder in guter Ware glatt, sonst ruhig. Kälber glatt, Schafe ruhig, Schweine anfangs fest, nachher schwach, fette vernachlässigt.“ (S. 140)

Schluss

Zusammenfassung der Ergebnisse

Zusammenfassend lässt sich feststellen, dass die offensichtlichen Gemeinsamkeiten beider Auszüge mit Blick auf Thema, Sprache und Figuren nicht zufällig sein können. Die Ähnlichkeiten sind gewollt und von Döblin so arrangiert worden, um zu verdeutlichen, dass das Berlin zu seiner Zeit ein Ort ist, der den dort lebenden Menschen Gewalt antut.

Dampframme und Schlachthof stehen damit symbolisch für die Massenabfertigung des Menschen. Im Zeitalter der Moderne scheint der Einzelne „unter die Räder" zu kommen, das Diktat der Zeit dominiert und macht den Menschen zu einem anonymen Objekt, das vor allem funktionieren muss. Die Sachzwänge erscheinen derart dominant, dass es keinen Raum mehr für die Entfaltung von Individualität gibt. Die Dampframme und der Schlachtungsvorgang zeugen vor allem von der Überlegenheit der modernen Technik. Diese raubt dem Individuum seine Autonomie, es ist nur noch ein belangloses Rädchen im Getriebe der Stadt. Das kann man zum einen als Kritik Döblins an den Folgen des ungehemmten ökonomischen Wachstums deuten, zum anderen aber auch gut auf dessen Protagonisten Franz Biberkopf beziehen: „Denn es geht dem Menschen wie dem Vieh; wie dies stirbt, so stirbt er auch." (S. 136) Biberkopf ähnelt sowohl dem Schlachtstier, der blind in seinen Untergang rennt und diesen schicksalsergeben hinnimmt, als auch der Stange, die von der Dampframme in den Boden gehämmert wird und diesem Vorgang nichts entgegenzusetzen hat. Man kann die Auswertung beider Textstellen also als einen Kommentar verstehen, der Biberkopfs Weltsicht nach dem Erhalt des zweiten „Schlags", dem Verlust seines Arms, wiedergibt. Doch Biberkopfs Interpretation sollte man nicht mit der des Autors gleichsetzen, denn Döblin sieht die Blindheit Biberkopfs nicht als allgemein menschliches Problem, sondern als ein individuelles: Menschen unterscheiden sich für ihn sehr wohl von trieb- und instinktgesteuerten Tieren. Am Ende hat der geläuterte Biberkopf diesen Unterschied auch verstanden: „Dem Mensch ist gegeben die Vernunft, die Ochsen bilden statt dessen eine Zunft." (S. 454) Der Mensch muss also nicht zwangsläufig zum Objekt werden, er kann sich wehren und durch richtige Entscheidungen seine Individualität und Freiheit bewahren. Der Stadt als

Bezug zu Franz Biberkopf

Externes Wissen einbringen

Tötungsmaschine individueller Einzigartigkeit kann der Mensch etwas entgegensetzen, mit dem er der Mechanik der Gewalt Paroli bietet: die Vernunft. Sie ermöglicht es Biberkopf, seine Blindheit, Bewusstlosigkeit, kindliche Naivität und Ahnungslosigkeit – Eigenschaften, die auch den Stier auszeichnen – hinter sich zu lassen und ein neuer Mensch zu werden, der seine Situation reflektieren und bewerten kann.

Der Blick auf die Prüfung: Themenfelder

Dieses Kapitel dient zur unmittelbaren Vorbereitung auf die Prüfung: Schulaufgabe bzw. Klausur oder schriftliche bzw. mündliche Abiturprüfung. Die wichtigsten Themenfelder werden in einer übersichtlichen grafischen Form dargeboten. Außerdem verweist eine kommentierte Liste mit Internetadressen (S. 175) auf mögliche Quellen für Zusatzinformationen im Netz.

Die schematischen Übersichten können dazu genutzt werden,

- die wesentlichen Deutungsaspekte des Stücks kurz vor der Prüfungssituation im Überblick zu wiederholen,
- die Kerngedanken des Romans noch einmal selbstständig zu durchdenken und
- mögliche Verständnislücken nachzuarbeiten.

Zum Verständnis der Schemata ist die Kenntnis der vorangegangenen Kapitel unerlässlich. Die folgende Schwerpunktsetzung beruht auf Erfahrungen aus jahrelanger Prüfungspraxis. Die Übersicht V (Vergleichsmöglichkeiten mit anderen literarischen Werken) soll als Anregung dienen, um den eigenen Lektürekanon auf möglicherweise interessante Vergleichspunkte hin abzuklopfen.

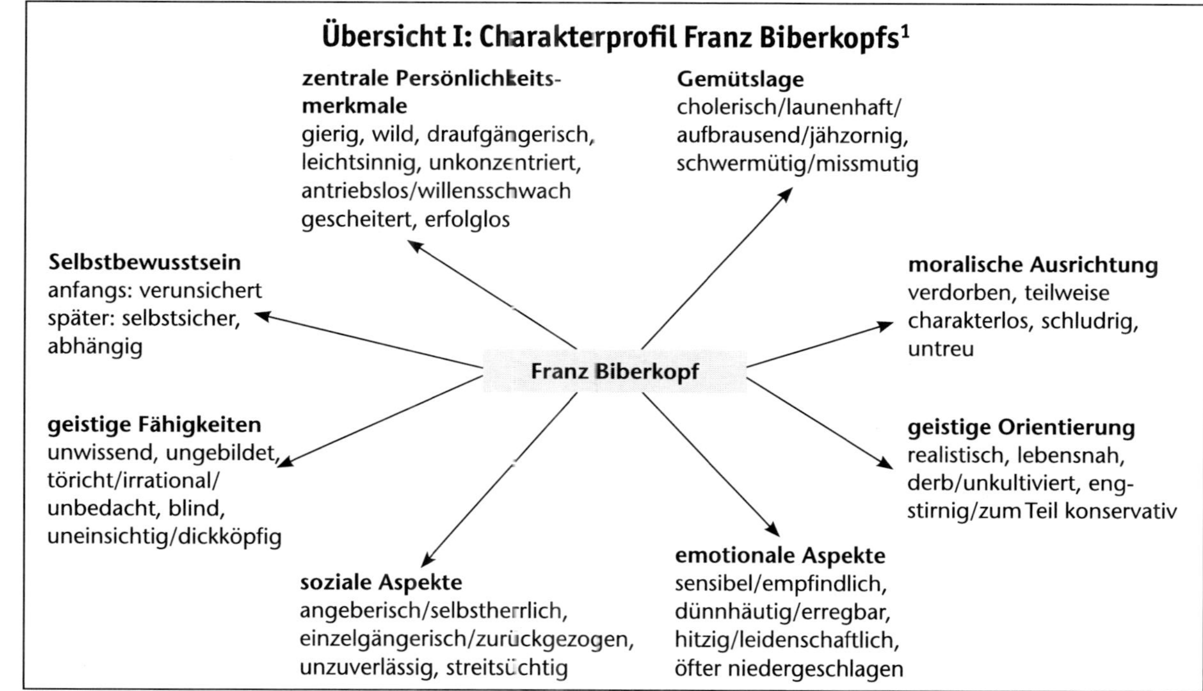

[1] Angelehnt an G. Brenner: Kurzprosa: Kreatives Schreiben und Textverstehen. Berlin: Cornelsen 2000, S. 30f.

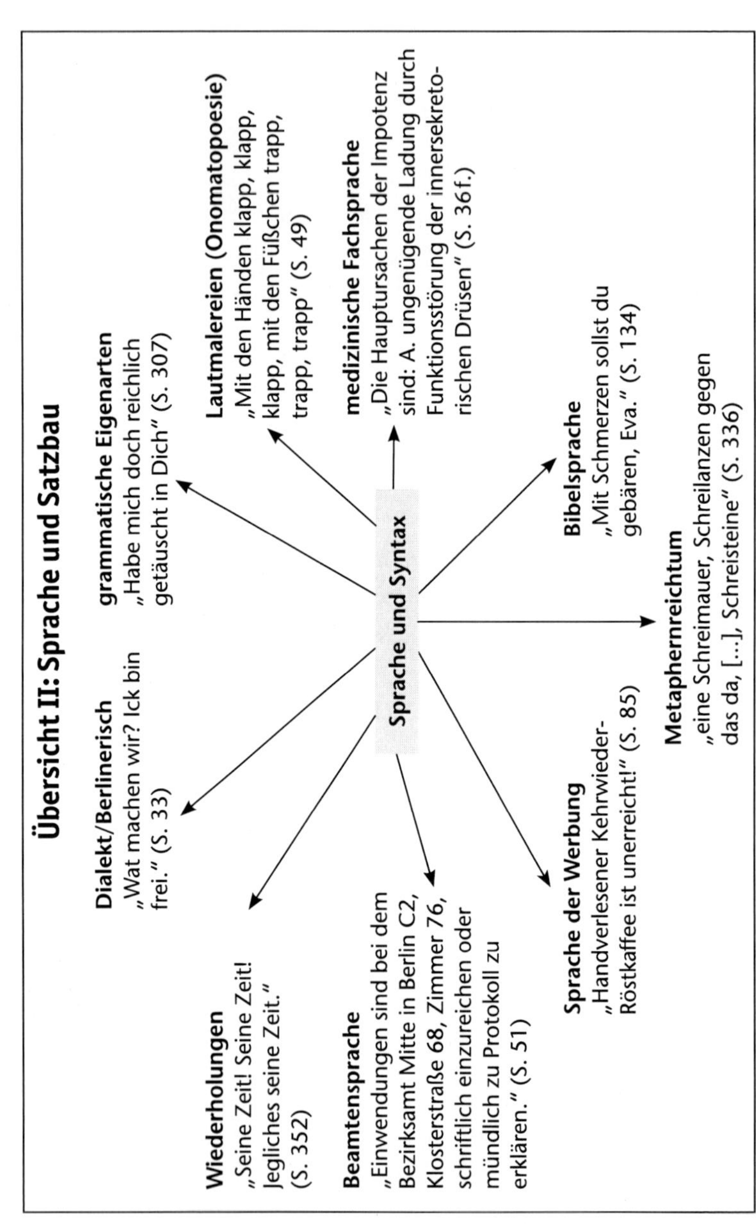
Übersicht II: Sprache und Satzbau
Sprache und Syntax
Dialekt/Berlinerisch
„Wat machen wir? Ick bin frei.“ (S. 33)
grammatische Eigenarten
„Habe mich doch reichlich getäuscht in Dich“ (S. 307)
Lautmalereien (Onomatopoesie)
„Mit den Händen klapp, klapp, klapp, mit den Füßchen trapp, trapp, trapp“ (S. 49)
medizinische Fachsprache
„Die Hauptursachen der Impotenz sind: A. ungenügende Ladung durch Funktionsstörung der innersekretorischen Drüsen“ (S. 36f.)
Bibelsprache
„Mit Schmerzen sollst du gebären, Eva.“ (S. 134)
Metaphernreichtum
„eine Schreimauer, Schreilanzen gegen das da, […], Schreisteine“ (S. 336)
Sprache der Werbung
„Handverlesener Kehrwieder-Röstkaffee ist unerreicht!“ (S. 85)
Beamtensprache
„Einwendungen sind bei dem Bezirksamt Mitte in Berlin C2, Klosterstraße 68, Zimmer 76, schriftlich einzureichen oder mündlich zu Protokoll zu erklären.“ (S. 51)
Wiederholungen
„Seine Zeit! Seine Zeit! Jegliches seine Zeit.“ (S. 352)

Übersicht III: Die Modernität des Romans „Berlin Alexanderplatz“

Erzähltechnische Erscheinungsformen

Innerer Monolog
- Ich-Form, 1. Pers. Indikativ Präsens
- syntaktisch unabhängig im Vergleich zur indirekten Rede
- Innensicht ohne kommentierende Einmischung des Erzählers (Erzähler abwesend)
- ohne Anführungszeichen, keine Zeichensetzungsregeln
- vollständige oder unvollständige grammatische Form

Bewusstseinsstrom („stream of consciousness“)
- 1. Pers. Indikativ Präsens oder ohne Person
- Innensicht ohne kommentierende Einmischung des Erzählers
- unvollständige grammatische Form, persönliche Sprachmerkmale, willkürliche Wortbildungen, Lautmalerei, Sprachexperimente, Assoziationen
- fehlende Zeichensetzung
- direkte Wiedergabe von Bewusstseinsinhalten, keine inhaltliche Strukturierung

Erlebte Rede
- Wiedergabe von Gedanken und Gefühlen einer literarischen Figur in der 3. Pers. Präteritum im Modus des epischen Berichts
- keine direkte oder indirekte Rede
- Darstellung der Wirklichkeit als unmittelbare Wahrnehmung der Figur, Form des epischen Berichts
- Bewusstseinsinhalte werden dargestellt

↑

am Beispiel des Romans „Berlin Alexanderplatz“

Erzählformen der literarischen Moderne

als Merkmale spezifisch moderner Literatur[1]

↓

prinzipielle Undurchschaubarkeit der Welt für den Einzelnen
Abkehr von der Illusion eines allwissenden Erzählers
Dominanz personalen Erzählens/Innenperspektive
Sprachskepsis

[1] Nach I. Scheitler: Deutschsprachige Gegenwartsprosa seit 1970. Tübingen/Basel: A. Francke Verlag 2001, S. 9f.

Übersicht IV: „Berlin Alexanderplatz“ als Bildungs- und Entwicklungsroman?

Einsicht Biberkopfs in eigenes Fehlverhalten	Bereitschaft Biberkopfs, sein altes Leben hinter sich zu lassen	Auftritt eines „neuen“ Franz Biberkopfs	Änderung seines Verhaltens	Soziale Integration statt Egomanie
Bsp.: „ich bin schuldig“ (S. 442)	Bsp.: „Was hab ich alles gemacht. Weg, weg mit dem.“ (S. 438)	Bsp.: „Ja, dieser Mann – wir wollen ihn Franz Karl Biberkopf nennen, um ihn von dem ersten zu unterscheiden“ (S. 447)	Bsp.: „Eva sieht seinen Blick, […], den hat sie noch nie an Franzen gesehn.“ (S. 448)	Bsp.: „Er steht nicht mehr allein am Alexanderplatz. Es sind welche rechts von ihm und links von ihm […].“ (S. 453)

Pro-Argumente

↑

Bildungsroman, Bez. für einen in der Weimarer Klassik entstandenen spezif. dt. Romantypus, in welchem die innere Entwicklung (Bildung) eines Menschen von einer sich selbst noch unbewussten Jugend zu einer allseits gereiften Persönlichkeit bejaht und erfüllt wird. Dieser Bildungsgang, gesehen als gesetzmäßiger Prozess, als Entelechie, führt über Erlebnisse der Freundschaft und Liebe, über Krisen und Kämpfe mit den Realitäten der Welt zur Entfaltung der natürl. geist. Anlagen, zur Überwindung eines jugendlichen Subjektivismus, zur Klarheit des Bewusstseins.

Irmgard Schweikle: „Bildungsroman". in: Metzler Literatur Lexikon. Begriffe und Definitionen., 2. Auflage, herausgegeben von Günther und Irmgard Schweikle. S. 55.

↓

Kontra-Argumente

Biberkopfs Meinungsänderung geschieht nicht aus freien Stücken, sondern unter Androhung von Gewalt durch die Figur des Todes: „Es blitzt, es fällt, […] schlägt ein, schlägt ein, ein neues saust […]." (S. 431)	keine Verhaltensänderung Biberkopfs trotz der drei Schläge: „Franz blieb, wie er war" (S. 398)	Deus-ex-machina-Schluss (Lösung am Romanende ergibt sich nicht zwangsläufig als notwendig, sondern durch unerwartetes Eingreifen meist einer Gottheit oder eines weltlichen Prinzips von außen)	Die Wendung zum Sozialen widerspricht Biberkopfs eigenen Erfahrungen.	Vom Gesamteindruck her ist „Berlin Alexanderplatz" eher ein trostloser, kein Mut machender Roman.

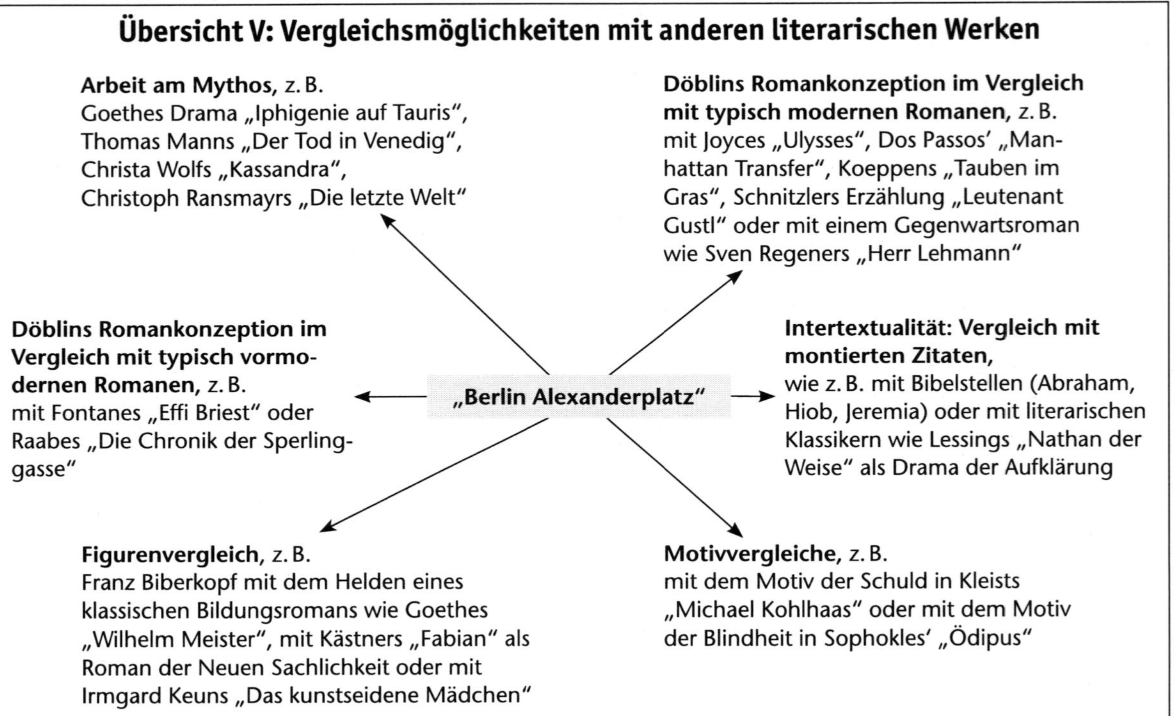
Übersicht V: Vergleichsmöglichkeiten mit anderen literarischen Werken
„Berlin Alexanderplatz“
Arbeit am Mythos, z. B.
Goethes Drama „Iphigenie auf Tauris“, Thomas Manns „Der Tod in Venedig“, Christa Wolfs „Kassandra“, Christoph Ransmayrs „Die letzte Welt“
Döblins Romankonzeption im Vergleich mit typisch modernen Romanen, z. B.
mit Joyces „Ulysses“, Dos Passos' „Manhattan Transfer“, Koeppens „Tauben im Gras“, Schnitzlers Erzählung „Leutenant Gustl“ oder mit einem Gegenwartsroman wie Sven Regeners „Herr Lehmann“
Döblins Romankonzeption im Vergleich mit typisch vormodernen Romanen, z. B.
mit Fontanes „Effi Briest“ oder Raabes „Die Chronik der Sperlinggasse“
Intertextualität: Vergleich mit montierten Zitaten,
wie z. B. mit Bibelstellen (Abraham, Hiob, Jeremia) oder mit literarischen Klassikern wie Lessings „Nathan der Weise“ als Drama der Aufklärung
Figurenvergleich, z. B.
Franz Biberkopf mit dem Helden eines klassischen Bildungsromans wie Goethes „Wilhelm Meister“, mit Kästners „Fabian“ als Roman der Neuen Sachlichkeit oder mit Irmgard Keuns „Das kunstseidene Mädchen“
Motivvergleiche, z. B.
mit dem Motiv der Schuld in Kleists „Michael Kohlhaas“ oder mit dem Motiv der Blindheit in Sophokles' „Ödipus“

Internetadressen

Unter diesen Internetadressen kann man sich zusätzlich informieren:

www.xlibris.de/Autoren/Doeblin
(ausführliche Informationen über Leben und Werk Döblins)

www.alfred-doeblin.de
(Informationen über Leben und Werk Döblins durch die Internationale Alfred Döblin-Gesellschaft)

www.dieterwunderlich.de/Doblin_alexanderplatz.htm
(Kurzinformationen zum Roman und dessen Kritik, nur als erster Zugang geeignet)

www.br.de/fernsehen/br-alpha/sendungen/klassiker-der-weltliteratur/alfred-doeblin-roman-berlin-alexanderplatz 100.html
(15-minütiger Filmvortrag Tilman Spenglers über Döblin und dessen Werk)

[Stand: 24.02.2012]

Literatur

Textausgabe

Alfred Döblin: Berlin Alexanderplatz. Die Geschichte vom Franz Biberkopf. München: dtv [47]2008

Sekundärliteratur

Bayerdörfer, Hans-Peter: Alfred Döblin: *Berlin Alexanderplatz.* In: Interpretationen. Romane des 20. Jahrhunderts. Bd. 1. Stuttgart 1993 (RUB. 8088), S. 158–193

Bekes, Peter: Alfred Döblin: *Berlin Alexanderplatz.* München 1995

Bernsmeier, Helmut: Alfred Döblin: *Berlin Alexanderplatz.* Lektüreschlüssel für Schüler. Stuttgart 2002

Matzkowski, Bernd: Alfred Döblin: *Berlin Alexanderplatz.* Hollfeld 2000

Prangel, Matthias (Hg.): Materialien zu Alfred Döblin: *Berlin Alexanderplatz.* Frankfurt/Main 1975

Prem, Boris: Alfred Döblin: *Berlin Alexanderplatz.* München 2007

Sander, Gabriele: Alfred Döblin. Stuttgart 2001 (RUB. 17632)

Sander, Gabriele: Erläuterungen und Dokumente: Alfred Döblin: *Berlin Alexanderplatz.* Stuttgart 1988 (RUB. 16009)

Siepmann, Thomas: Alfred Döblin: *Berlin Alexanderplatz.* Stuttgart/Düsseldorf/Leipzig 1999